南無阿彌陀佛

辭世偈

此去彼去間
去來不相關
蒙恩大千界
報恩恨細澗

이 세상 저 세상
오고감을 상관치 않으나
은혜 입은 것이 대천계만큼 큰데
은혜를 갚는 것은 작은 시내 같음을 한스러워 할 뿐이네.

생명의 고향
마음자리로 돌아가는 가르침

생명의 고향
마음자리로 돌아가는 가르침

지은이 | 청화스님
엮은이 | 뜻 몯
펴낸이 | 김원중

편　　집 | 김현정, 심현정
디 자 인 | 옥미향, 김윤경
마 케 팅 | 이상민, 배병철
제　　작 | 허석기
관　　리 | 김선경

초판인쇄 | 2007년 8월 26일
2쇄발행 | 2010년 3월 8일

출판등록 | 제301-1991-6호(1991.7.16)

펴 낸 곳 | 도서출판 상상예찬
　　　　　(주)상상나무
주　　소 | 서울시 마포구 상수동 324-11
전　　화 | (02)325-5191　팩　스 | (02)325-5008
홈페이지 | http://smbooks.com

ISBN 978-89-86089-13-4

값 10,000원

*잘못된 책은 바꾸어 드립니다.

생명의 고향 **마음자리**로 돌아가는 가르침

淸華 큰스님 念佛禪 법문집

상상예찬

청화(淸華) 큰스님께서 열반에 드신지 벌써 4년이 되었습니다.
큰스님의 명성을 뒤늦게 접하신 여러 불자님들이 염불선(念佛禪)에 대한 가르침을 물어올 때마다 큰스님의 인자하고 자상한 가르침을 어떻게 전해야 할지 몰라 당혹스러웠습니다.
고심 끝에 큰스님의 글과 법문 가운데 염불에 관한 법문만을 실은 간이 인쇄물을 만들어 그때그때 나누어드리곤 했습니다. 그러나 그것만으로는 큰스님의 가르침을 다 전달할 수가 없었기에, 사중의 의견을 모아 큰스님 4주기를 기념하는 뜻에서 염불선 법문집을 출간하게 되었습니다.
제목은 『생명의 고향 마음자리로 돌아가는 가르침』이라고 쉽게 풀어서 붙이고, 1장은 큰스님의 대중설법 가운데 동반산야회 법어와 성륜사 동안거 해제법문, 제주도 자성원 법문으로 구성하였습니다. 2장은 큰스님 어록인 『마음의 고향』 8집의 보리방편문 설법에서 발췌·수록하였으며, 3장은 법어집 『원통불법의 요체』 본문 중에서 염불선 부분으로 구성하였습니다.

큰스님은 법문을 하실 때마다 나도 부처요 너도 부처요 모든 존재가 부처 아님이 없기 때문에 마음 안에서 부처가 부처를 찾는 것이 염불선이요 견성성불의 첩경임을 항상 강조하셨던 것으로 기억합니다.

그리고 "나무아미타불" 염불은 언제 어디서나 누구나 쉽게 할 수 있기 때문에 바쁘게 살아가는 현대인들에게 가장 적합한 수행법이며 공덕도 제일 많다고 말씀하셨습니다.

큰스님께서 20년 동안 설법하신 방대한 법어 말씀 모두가 염불선 아닌 것이 없지만, 그 중에서도 필수적으로 읽어야 할 부분만 발췌하였으니, 선오후수(先悟後修), 본증묘수(本證妙修)의 아미타불 염불선으로 일상일행삼매(一相一行三昧)를 거쳐 반야실상(般若實相)의 보현삼매(普賢三昧)에 입(入)하시여 영생의 복락을 누리시기를 기원합니다.

성륜사 주지 **대만** 합장

1 나무아미타불

영생불멸의 자리	12
염불과 화두	25
염불과 염불선	31
보배로운 이름 아미타불	37
극락세계, 참다운 실상	41
견성오도, 어렵지만 가장 쉬운 길	47
몸과 마음이 무상하고 허망하다	53
모든 것이 불성입니다	57
하나의 명호, 아미타불	61
부처님 명호를 외는 생활	69
자성의 본질	75
부처님 명호를 외자	81

2 보리방편문

참 삶을 사는 길	90
모두가 다 마음이라	93
식(識)의 끄트머리	96
물질은 중생의 업력의 소치	101
옴마니반메훔, 영원한 부처님의 광명	108
몸의 허망함	112
고행의 의미	118
마음은 우주의 본체	122
부정관, 자비관, 인연관	126
방편설, 진실설	132
마하지관과 보리방편문	134
보리방편문의 핵심, 심즉시불	143
보리방편문의 해석	152

우주를 하나의 생명체로 보라	160
범부중생의 정진	167
참다운 인격의 완성	174
아홉 단계의 근본선정	182
하나의 진리	185
모든 사람을 부처로 보라	192

3 염불선

염불의 의의	196
염불의 종류	198
부처님의 명호	201
염불삼매	205
실상관과 선과 염불선	210
경론에 있는 염불법문	212
어록에 있는 염불법문	236

나무아미타불을 부르는 것이
부처님 명호를 외는 것이
가장 쉽고 확실한 성불의 길입니다.
꼭 부처님 명호를 놓치지 마시고
자나 깨나 앉으나 서나
잊지 마시고 외우십시오.

1

나무아미타불

영생불멸의 자리

아미타불에 내재되어 있는 영원한 생명 자체를 가리킬 때는 무량수불이라 이르고, 아미타불 가운데 자비나 지혜나 공덕이 헤아릴 수 없을 만큼 충만하다는 것을 의미할 때는 무량광불(無量光佛)이라 합니다.

화룡점정(畵龍點睛)이라는 고사성어가 있습니다. 용을 그려 놓고서 마지막으로 용의 눈동자에 점을 찍는다는 말입니다.

중국의 한 화가가 실물과 똑같은 용의 그림을 그린 후 마지막으로 눈동자를 그려 넣자, 갑작스레 번개와 천둥이 치면서 그 용이 승천해 버렸다는 이야기에서 비롯된 말로, 가장 중요한 부분을 완성시킨다는 의미입니다.

불교에 있어서도 화룡점정에 해당하는 것이 있습니다. 바로 염불

(念佛)과 극락세계(極樂世界)입니다.

　물론 불교에는 우리 인생의 일체만사를 다 해결할 수 있을 정도로 깊고 오묘한 여러 가지 훌륭한 가르침이 많습니다. 그러나 불교의 수많은 가르침 중에서, 부처님을 간절히 생각하고 또 부처님의 이름을 외운다는 것과, 우리의 이상향인 극락세계에 태어난다는 개념이 없다고 생각할 때는 불교가 참다운 종교의 역할을 할 수가 없습니다. 염불이나 극락세계라는 소중한 개념이 없으면 불교는 종교가 아닌 하나의 철학이 되고 마는 것입니다.

　이와 같이 염불과 극락세계라는 개념은 불교 가르침의 화룡점정이라 할 정도로 아주 중요한 부처님의 가르침입니다.

　부처님을 간절히 생각하고 부처님의 이름을 외우는 염불을 이해하기 위해 우선 『관무량수경(觀無量壽經)』을 살펴보겠습니다.

　관무량수경은 『정토삼부경(淨土三部經)』에 있는 삼부경 가운데 하나입니다. 관무량수경은 무량수(無量壽)에 볼 관(觀)자를 쓴 것입니다. 무량수란 한도 끝도 없는, 헤아릴 수도 없는 영원한 생명을 뜻하는데, 무량수불(無量壽佛)은 바로 아미타불(阿彌陀佛)의 또 다른 이름이기도 합니다.

　아미타불의 별칭(別稱)은 무량수불뿐만이 아닙니다. 아미타불에 내

재되어 있는 영원한 생명 자체를 가리킬 때는 무량수불이라 이르고, 아미타불 가운데 자비나 지혜나 공덕이 헤아릴 수 없을 만큼 충만하다는 것을 의미할 때는 무량광불(無量光佛)이라 합니다. 빛 광(光)자를 넣음으로써 한도 끝도 없는 생명의 빛이라는 뜻을 강조한 이름입니다.

또 그런가 하면 무변광불(無邊光佛)이라고도 합니다. 변(邊)자는 가장자리를 뜻하는 것으로, 무변이란 끝도 가장자리도 없다, 즉 광대무변(廣大無邊)하다는 것입니다. 한도 끝도 없는 우주의 모두를 다 포괄한, 이른바 아미타불이 공간성을 초월한 생명이라는 것을 의미할 때는 무변광불이라고 부릅니다.

아미타불의 공덕은 하나의 이름만 가지고는 표현할 수 없기 때문에 이와 같이 많은 이름을 가지고 있습니다. 여기에 더해 청정하다고 해서 청정광불(淸淨光佛), 헤아릴 수 없다고 해서 난사광불(難思光佛) · 부사의광불(不思議光佛), 한도 끝도 없는 행복이라 해서 감로왕불(甘露王佛)이라고도 합니다. 감로수(甘露水)라는 것은 참 영생의 생명수이므로 영생하는 생명 자체를 표현할 때는 또 감로왕여래(甘露王如來)라고도 합니다.

이와 같이 아미타불의 이름 자체는 불교의 무한한 공덕을 모조리 다 포괄하고 있으므로, 그때그때 경우에 따라서 달리 부르는 것입니다.

아미타불은 상대적인 존재가 아니라 절대적인 생명 자체, 우주 생명 자체, 또는 우리의 본래면목(本來面目) 자체이기 때문에 인간이 대상화시킬 수 있는 것이 아닙니다.

아미타불은 무한한 공덕을 그 이름에 포괄하고 있기 때문에, 사람은 염불을 통해, 즉 아미타불의 이름을 간절히 생각하고 외우는 것만으로도 무한한 공덕을 얻을 수 있습니다.

염불과 함께 불교에서 아주 중요한 개념을 이루고 있는 극락세계는 불교인들의 이상세계일 뿐만 아니라, 일체 존재의 마음의 고향입니다. 바꿔서 말하면 우리 인간 존재뿐만 아니라 모든 중생이 극락세계에서 와서 다시 극락세계로 간다고 볼 수가 있는 것입니다. 그리고 직접적으로 말하면, 우리가 살고 있는 이 세계 자체가 바로 극락세계입니다.

그러나 이렇게 말하면 사람들은 여러 가지 제약도 많고 혼란스러운 이 사바세계(娑婆世界)가 어떻게 극락세계일 것인가 의문을 품게 됩니다. 그리고 불교를 이해하는 단초가 바로 여기에서 비롯됩니다. 지금 우리가 살고 있는 이 세계가 바로 극락세계라는 것을 이해하는 것이 불교를 알아가는 첫걸음이자, 불교와 다른 종교와의 차이를 가장 쉽게 알 수 있는 길입니다.

부처님의 가르침에 대해 이야기하다 보면 어려운 개념들이 많습니다. 그러나 불교의 교리를 이해하기 위해서는 어렵더라도 명석하게 생각하는 습관을 길러야 합니다. 염불을 하고 극락세계를 추구할 때는 이런 어려운 이야기를 다 떠나서 순수하게 감성으로 하면 되지만, 부처님의 교리를 따질 때만은 철학적으로 깊게 생각해야 합니다. 불교의 교리는 철학 중에서도 가장 높은 경지의 철학이기 때문입니다.

불교와 다른 종교와의 차이, 즉 일반 외도(外道)와 불교 정도(正道)의 차이는 바로 삼법인(三法印)입니다. 삼법인이 있으면 정도이고 삼법인이 없으면 외도라고 합니다.

불교의 삼법인은 제행무상(諸行無常), 제법무아(諸法無我), 열반적정(涅槃寂靜)의 세 가지입니다.

제행무상

제행무상(諸行無常)이라, 모든 것은 결국 다 무상하단 말입니다. 무상하다는 것은 어느 것도 고정된 것이 없이 덧없다는 말입니다.

인연소생법(因緣所生法) 아설즉시공(我說卽是空)이라, 인연 따라서 이루어진 것은 고유한 것이 아무것도 없습니다. 인간 존재의 눈에 비치는, 우리가 인식할 수 있는 모든 것은 다 인연 따라서 잠시 모양을 나툰 것에 불과합니다. 따라서 그것은 상(相)만 있는 것이지 성품이 없습니다.

이런 것을 두고 『금강경(金剛經)』에서는 "일체유위법(一切有爲法) 여몽환포영(如夢幻泡影)"이라고 했습니다. 유위법, 즉 상대적이고 유한적인 법으로 대상화시킬 수 있는 모든 것은 꿈이요, 허깨비요, 거품이요, 그림자 같은 것으로 그 실체가 없다는 말입니다.

일체만법(一切萬法)은 그와 같이 허망하고 무상한 것입니다. 인연 따라 이루어진 것은 제행이 무상하다는 뜻입니다. 그런데 다른 종교나 철학에서는 제행무상과 같은 명백한 가르침이 거의 없습니다. 약간씩 언급을 한 것도 있지만 제행무상을 단호하고 명백하게 한 가르침은 없습니다. 외도와 정도와의 차이가 이런 곳에서 비롯됩니다.

인연 따라 이루어진 현상적인, 상대적이고 유한적인 법은 모두가 무상합니다. 순간순간 변화하기 때문에 고유한 것도 없고, 공간성도 시간성도 없습니다.

일정 공간과 일정 시간에 어떤 것이 고유하게 존재하고 있을 때 우리는 비로소 "무엇이 있다"고 표현하지만, 제행무상의 관점으로 보면 "무엇이 있다"고 표현할 수 있는 것은 그야말로 아무것도 없습니다.

현대 물리학에서는 가장 천재적인 근대 물리학자로 아인슈타인과 하이젠베르크, 보어의 세 사람을 꼽습니다. 그런데 이 세 사람의 이론은 불교의 제행무상을 연상시킵니다. 이들의 이론에서 부처님 가르침의 연기법(緣起法)을 떠올릴 수 있다는 것입니다.

아인슈타인이라고 하면 상대성 이론을 빼놓고 말할 수가 없습니다. 아인슈타인은 일체 존재라는 것은 상대적으로 있는 것이지, 절대적으로 있는 것이 아니라고 말했습니다.

하이젠베르크는 불확정성의 원리를 이야기했습니다. 불확정성의 원리에 따르면 일체 존재의 운동량과 위치를 동시에 정확히 측정할 수가 없습니다. 우리는 대체로 눈에 보이는 것을 어름어름하게 측정합니다. 그러나 미시적인 전자나 중성자의 단계에 이르면 측정이 되지 않습니다. 운동량을 바르게 측정하려고 생각하면 그때는 위치를 측정할 수 없고, 위치를 측정하려고 하면 운동량을 바르게 측정할 수 없습니다. 그래서 대체로 확률적으로 말하는 것이지, 확정적으로는 말할 수가 없습니다.

그렇기 때문에 보어는 상보성(相補性)의 원리를 이야기했습니다. 모두가 서로 어울려서 모양을 내는 것이지, 단독으로 모양을 낼 수 있는 것은 아무 것도 없단 말입니다. 이것이 바로 불교의 인연법(因緣法)입니다. 모든 것은 인(因)과 연(緣)이 합해져서 모양을 내는 것이지, 고유한 것은 절대로 없습니다. 근대의 천재적인 물리학자가 불교의 인연법을 그대로 말하고 있는 것입니다.

그러나 모두 정확히 말하지는 못합니다. 그들은 그 인연법의 본래적이고 가장 근원적인 것이 무엇인지는 알지 못하기 때문입니다. 가장 근원적인 것을 모르고서야 불교가 성립될 수 없습니다. 부처님은 인연법의 상대적인 원리를 말씀하셨을 뿐만 아니라 그 가장 근원적인 것이 무엇인지까지 분명히 깨달은 분입니다.

제행무상은 고유한 것은 아무 것도 없이, 모두가 상대적으로 잠시간 상(相)을 냈을 뿐이라는 것입니다. 상 그것은 현상일 뿐 실재가 아닙니다. 실체가 아니기 때문에 금강경에서 말했듯이 일체유위법 여몽환포영이라, 꿈이요 허깨비요 그림자나 거품 같은 것으로 실제로 있는 것이 아닙니다.

제법무아

제법무아(諸法無我)라, 모든 존재는 '나'라고 할 것이 없다는 말입니다. 나라고 할 것이 없으니 내 소유라는 것도 있을 수가 없습니다.

『반야심경(般若心經)』에는 그 모든 법(法)이 공(空)해 버린 실상(實相), 그 모든 것이 공(空)하다는 것이 여실히 나와 있습니다. 물질을 구성하는 지수화풍(地水火風)의 각 원소도 비어 있는 것이고, 인간의 관념을 구성하는 느낌이나 생각이나 의욕이나 옳고 그름을 가리고 판단하는 것도 비어 있습니다. 근본에서 본다고 생각할 때는 모두 비어 있습니다. 이른바 오온개공(五蘊皆空)입니다.

오온개공은 현대 물리학보다 훨씬 철저한 우주물리학입니다. 모든 것이 비어버린 그 자리는 남도 없고 죽음도 없다[不生不滅]는 말입니다. 이것이 있고 저것이 있는 것처럼 상대적인 문제가 되어야 남도 있고 죽음도 있는 것입니다. 그러나 모두가 비어버린 그 자리, 제법이 공(空)한 그 자리는 생사가 없습니다. 더러운 것도 청결한 것도 없습니다[不垢不淨]. 물질이라면 더럽고 깨끗한 구분이 있겠지만 물질이 아닌 순수 생명이기 때문에 더럽고 깨끗할 것이 없습니다. 더하고 덜함도 없습니다[不增不減].

제법무아는 칸트철학의 물자체(物自體, Ding an sich)라는 개념을 알면 쉽게 이해할 수 있습니다. 칸트가 말한 물자체라는 것은 물질 그 자체, 즉 물질이 본래 무엇인가를 따지는 것입니다. 칸트는 물질이 본래 형이상학적인 문제이기 때문에 사람의 육안으로는 볼 수가 없다고 했습니다. 이른바 물자체는 중생의 인식주관(認識主觀)으로는 볼 수가 없는 것입니다.

따라서 지금 우리가 보는 것은 제대로 보고 있는 것이 아닙니다. 인간 정도의 업장(業障)을 가진 눈으로 보고 있을 뿐, 사실을 사실대로 보는 것이 아닙니다. 부처님 가르침은 실상을 보는 것인데, 우리 중생들은 지금 가상을 봅니다. 허상을 봅니다. 유한한 존재라는 것은 결국 금강경의 말처럼 꿈이고 허깨비요 거품이나 그림자와 같이 허망한 것입니다. 천재적인 철학자나 물리학자들도 물질이라는 것이 결국 허망한 것이고, 인간이 측정하려고 해도 측정할 수가 없고, 시간성도 공간성도 없다는 것을 명확히 했습니다.

그러면 여기에서 자연스럽게 그 허망하고 무상한, 측정할 수 없는 것이 아닌, "정말로 '있는 것'은 무엇인가" 하는 의문이 생겨납니다. 정말로 있는 것은 바로 부처님입니다.

금강경에 보면 부처님 법을 "여어(如語)" 또는 "진어(眞語)"라고 합니다. 진리 그대로 말씀했다는 뜻입니다. "무이어(無異語)"나 "불이어(不異語)"라, 진리가 아닌 다른 것은 절대로 말씀하시지 않았다는 뜻입니다. 또는 "불광어(不誑語)"라고도 합니다. 어느 누구도 속이는 말씀이 없다는 뜻입니다. 부처님 법은 진리이고 또한 부처님은 진리 그대로 말씀하시므로 부처님 말에는 진리 아닌 것은 조금도 없고, 우리 중생을 속이는 말도 없습니다.

『열반경(涅槃經)』 27에는 "사자후자(獅子吼者) 명결정설(名決定說)"이라는 말이 있습니다. 사자후라는 것은 사자가 포효를 하는 것을 말합니다. 사자가 한 번 크게 포효를 하면 모든 짐승들은 다 그 앞에서 쩔쩔매고 뇌가 망가지기까지 한다고 합니다. 부처님 말씀이 바로 사자후와 같이 모든 외도나 삿된 것을 다 그대로 절복(折伏)시킨다는 말입니다. 부처님의 말씀은 또한 결정설이라, 조금의 더하고 덜함도 없이 꼭 사실대로만 말씀했다는 것입니다.

부처님의 사자후 같은 결정설이 무엇인가 하면, "일체중생(一切衆生) 실유불성(悉有佛性)"입니다. 모든 중생이 불성(佛性)을 가지고 있다는 말입니다.

이렇게 말하면 사람은 유정중생(有情衆生)이니까 부처의 성품을 가지고 있다 하더라도, 사람이 아닌 동물이나 식물에게도 불성이 있는 것인가 의문을 품는 일이 있습니다.

불교에서 일체중생을 말할 때는 우리 인간이라는 존재만 일컫는 것이 아닙니다. 다른 동물이나 식물이나 할 것 없이 모든 두두물물(頭頭物物) 산하대지(山河大地) 하나의 천체(天體), 그 어떠한 것이라도 일체중생의 범주 안에 모두 들어갑니다. 모든 중생이 다 부처의 성품을 가지고 있다는 말입니다.

불성을 '가지고 있다'는 것은 심장에 가지고 있거나 뇌에 가지고 있거나 하는 가시적이고 부분적인 문제가 아닙니다. 불성이라는 것은 물질이 아니라 하나의 생명 자체이기 때문입니다. 불성은 우리 마음의 본래면목인 동시에 우주의 생명입니다. 따라서 "모든 존재가 불성을 가지고 있다"는 말은, "모든 존재가 바로 불성이다"라는 말과 똑같은 것입니다.

일체중생이 모두 불성을 가지고 있다는 부처님의 사자후 같은 결정설, 그 다음에 있는 가르침은 "여래상주(如來常住) 무유변역(無有

變易)"입니다. 부처님은 항상 있으되 조금도 변동이 없다는 말입니다. 부처님이 오늘 계시다가 내일 안 계시고 그런 것이 아니란 말입니다. 과거나 현재나 미래나 언제나 부처님은 존재하는 생명 자체란 말입니다.

즉 허망하고 무상한, 측정할 수 없는 것이 아닌, 정말로 '있는 것'은 바로 부처님입니다. 많은 사람들이 불교의 여러 가지 개념을 혼동하는데, 부처님이나, 불성이나, 법신(法身)이나 모두 같은 뜻입니다. 부처님이나 불성이나 법신이야말로 생명의 근원이고 존재의 본체입니다. 그 외의 인연 따라 생겨난 것은 모두가 고정된 것이 없이 덧없고, 고유한 것은 어디에도 없습니다. 따라서 '나'라고 할 것도 없고 '내 것'이라 할 것도 없습니다.

나라는 것이 근본 진리에서 보면 허망한 것이고, 내가 허망하니 내게 속해 있는 권속이나 재산이나 지위 또한 허망한 것입니다. 제행무상이나 제법무아의 이치만 제대로 알아도 재물이나 권세나 이성에 집착할 일이 없어집니다.

그러나 불교의 개념을 여기까지 알고 깨우쳤다고 해도 아직 중요한 것이 남아 있습니다. 바로 영생불멸한 극락세계에 대한 체험입니다.

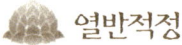 **열반적정**

열반적정(涅槃寂靜)은 우리가 모든 것을 다 초월해서 영생의 행복을 얻을 수 있다는 말입니다.

모든 존재는 그때그때 변화무쌍하기 때문에 제행이 무상하고, 또 그렇기 때문에 '나'나 '저것'이나 그 어떤 것도 고유한 것이 없이 제법이 무아입니다. 내 소유도 없는 것이고 내 권속도 잠시 인연 따라 지금 만나고 있는 것이지, 영원히 내 권속이 될 것도 아닙니다. 금생에 같이 만나고 있다고 해서 내생에도 같이 만날 것이 아닙니다. 금생에 업을 똑같이 지어 놓으면 같이 범부중생으로 태어날 수는 있겠지요.

이 세상은 그렇게 허망무상하지만, 진실한 본체는 있습니다. 바로 영생불멸한 불성이고 열반입니다. 영생불멸한 그 자리가 바로 극락세계입니다.

내가 여기에 있고 저만큼 멀찍이 떨어져서 영생불멸한 본체가 있는 것이 아니라, 지금 이대로의, 이 현상 그대로의 실체 자체가 영생불멸의 실체입니다. 우리 인간이나 우리가 생각하는 그 모든 것이 허망무상하지만, 허망무상한 본래의 참다운 자리는 부처님의 법신이고 바로 아미타불이라는 것을 깨달아야 합니다.

염불과 화두

선방에서 몇십 년 동안 화두를 들고
이것이 무엇인가 저것이 무엇인가 의단을 품는다 하더라도
염불하는 마음이 화두하는 마음의 밑바닥에 깔려 있어야 합니다.
그래야 참 공부가 되는 것이지
그냥 덮어놓고 의심한다 해서 그것이 참선이 되는 것이 아닙니다.

『관무량수경(觀無量壽經)』에는 "염불수행자(念佛修行者) 인중분다리화(人中芬陀利華)"라는 말이 있습니다. 분다리화는 가장 청정하고 향기로운 연꽃입니다. 염불수행자는 모든 사람 가운데서 정녕 향기로운 연꽃과 같은 존재라는 말입니다.

불교의 삼법인을 알고 외도와 정도와의 차이를 알고 불교의 교리를 익히는 것도 좋습니다. 그러나 설사 철학적인 것을 깊이 모른다 하더라도, 그저 부처님의 이름을 외우는 것만 해도 모든 사람 가운데서 가장 향기로운 연꽃과 같습니다. 부처님이야말로 영생불멸한 실

존이고 실상 자체이니, 부처님의 이름을 외우는 것은 얼마나 값진 일입니까.

그래서 "관음세지(觀音勢至) 위기승우(爲其勝友)"라고 했습니다. 관세음보살이나 대세지보살 같은 보살들이 염불하는 사람을 가장 훌륭한 벗으로 삼는다는 말입니다.

그저 뜻도 모르고 염불을 하는 사람이라도, 염불하는 그 자체만으로 사람 가운데 가장 향기로운 연꽃인 동시에 관세음보살이나 문수보살이나 보현보살 같은 보살들이 가장 훌륭한 벗으로 삼습니다.

왜냐하면 나무아미타불은 세상의 모든 개념 가운데 가장 고귀한 개념이기 때문입니다. 불교에서는 이를 "무생청정(無生淸淨) 보주명호(寶珠名號)"라고 합니다. 생사를 초월한 보배 구슬 같은 이름이란 말입니다. 세상에서 가장 깊고, 가장 행복스럽고, 가장 위대한 이름, 이것이 부처님 이름 나무아미타불입니다.

최상의 이름을 갖는 부처님이기 때문에 그 이름 가운데는 이루 헤아리지 못할 만큼의 공덕이 있습니다. 부처님의 이름은 삼세제불(三世諸佛)이 본래 의지할 곳입니다. 또한 세상에서 가장 강력하고 가장 무서우면서도 가장 자비롭고 가장 지혜로운 이름입니다. 그렇기 때문에 신장이나 귀신이나 천상의 천신들이나, 모든 존재가 아미타불을 숭앙하고 받들고 지킵니다.

우리가 이론도 철학도 뜻도 모르고 나무아미타불을 한 번 외운다고 해도, 그 이름의 공덕으로 인해 모든 신장이 우리를 지키는 것입니다. 세상에서 가장 권위가 있고 두려운 이름이 또 부처님의 이름이기 때문에, 부처님의 이름을 부르는 사람에게는 나쁜 것들이 얼씬도 못합니다.

이렇게 소중한 염불인데, 어떤 사람들은 염불이 무지한 사람들을 위한 쉬운 가르침이라고 생각하고, 선방(禪房)에서 화두(話頭)를 들고 의단(疑團)을 품는 것이야말로 참다운 가르침이라고 여깁니다.

물론 화두를 들고 수행하는 것도 나쁜 것은 아니지만, 염불 공부와는 비교할 수가 없습니다. 설사 우리가 선방에서 몇십 년 동안 화두를 들고 이것이 무엇인가 저것이 무엇인가 의단을 품는다 하더라도, 염불하는 마음이 화두하는 마음의 밑바닥에 깔려 있어야 합니다. 그래야 참 공부가 되는 것이지, 그냥 덮어놓고 의심한다 해서 그것이 참선이 되는 것이 아닙니다.

참선이란 본래 내 마음의 주인공을 찾는 공부입니다. 이른바 본체를 여의지 않는 공부라는 것입니다. 선(禪)이라는 것은 본체를 떠나지 않아야 진정한 선입니다. 아무리 화두를 들어도 본체를 떠나버리면 그때는 선이 아닙니다. 따라서 화두하는 마음 밑에는 반드시 염불하는 마음이 바탕으로 깔려 있어야 하는 것입니다.

그러면 염불만 하면 될 일이지 화두는 무슨 필요가 있을 것인가 생각하는 분이 있습니다. 화두는 우리의 산란한 마음을 통일시켜줍니다. '이뭐꼬' 화두를 드나, '똥막대기' 화두를 드나 마찬가지입니다. 어떤 화두를 들든 목적은 화두 자체에 있는 것이 아니라, 우리의 산란한 마음을 통일시켜 본래 우리 생명이 부처이고 아미타불이라는 것을 깨닫게 하는 데 있습니다. 부처를 찾기 위해 화두를 통해 임시로 의심을 품는 것이지, 의심 그것이 목적이 아니라는 말입니다.

그러므로 화두를 드는 것도 좋기야 좋지만 그 자체가 목적이 아니라는 것을 분명히 알아야 합니다. 우리는 화두를 빨리 타파해서 의심이 없는 그 자리, 의심이 없이 부처님을 확신하는 그 자리로 빨리 가야 합니다. 지금은 화두라는 것에 의심이 붙을 수 있는 것도 아닌데 본말이 전도가 된 형국입니다. 사실 신앙이라는 것은 의심이 있으면 안 됩니다. 100% 그대로 완벽히 믿어야지, 티끌만큼이라도 의심이 있으면 신앙이라고 할 수가 없는 것입니다.

그 예로 달마스님도 의심하라는 말 한 마디 안 하셨고, 『육조단경(六祖壇經)』을 보더라도 의심하라는 말은 한 군데도 없습니다. 마조스님이나 백장스님이나 임제스님이나, 의심을 하라는 말이 한 군데도 없습니다. 6조 혜능스님이나 그 뒤의 마조스님, 백장스님, 황벽스님, 임제스님 같은 분들은 직지인심(直指人心)이라, 바로 사람 마음을 직접적으로 가리켜서 깨닫게 했습니다.

　중국 남송 때에 이르러서야 대혜스님께서 비로소 화두라는 방법을 고안해냈습니다. 우리 마음이 바로 부처임을, 우리의 참 주인공을 찾는 하나의 방편으로써의 화두를 제시한 것입니다. 절대로 의심 자체가 목적이 아닙니다.

　그런데 불행이도 한국에서는 사람 마음을 바로 가리켜서 깨닫게 하는 쪽의 선법이 차츰 이울어지고, 남송 때 대혜종고스님이 내놓은 화두법이 융성하게 되었습니다. 그 당시 우리나라는 고려 때로, 그때 화두법이 한국으로 수입되었습니다. 그러나 중국 자체는 송나라, 원나라를 거쳐 명나라 때 불교가 융성했습니다.

　명나라 때의 4대 고승이 있습니다. 운서주굉(雲棲株宏, 1535~1615), 감산덕청(憨山德淸, 1546~1623), 자백진가(紫栢眞可, 1542~1603), 우익지욱(藕益智旭, 1599~1655)이라고 하는 분들입니다. 그분들은 모두 화두를 염불로 삼았습니다. 화두가 따로 있었던 것이 아니라 아미타불 자체를 화두로 삼았던 것입니다.

　그런데 그때가 우리나라로 치면 조선시대입니다. 조선시대에는 불교를 억누르고 유교를 숭앙하는 정책을 펴서 한국의 불교와 중국의 불교는 교류를 할 수가 없었습니다. 조선시대 500년 동안이나 한국 불교는 제대로 발전할 수가 없었던 것입니다. 그 500년 동안은 불교의 교화나 참선 면에서 굉장히 큰 손해를 본 것입니다.

　명나라 때 4대 고승들이 화두를 염불로 하던 풍조가 한국에 성공적으로 들어왔었더라면, 지금 한국 선방에서 화두를 한다고 끙끙 앓으면서 의심만 하는 풍조는 사라졌을 것입니다. 우리는 화두를 잡고 의심만 하고 있을 것이 아니라, 화두가 하나의 방편이라는 것을 깨닫고 빨리 화두를 타파해 우리 마음의 본래 자리에 도달해야 합니다. 마조스님같이, 백장스님같이 100% 의심 없는 그 자리에 도달해야 하는 것입니다.

염불과 염불선

천지우주는 본래 불생불멸(不生不滅)이고 참다운 진여불성(眞如佛性)입니다.
그 자리가 바로 내 자성(自性)이고, 참자기(眞我)입니다.
이것을 잊지 않고, 즉 본체를 여의지 않고 염불을 하면 그것이 바로 염불선입니다.
부처님이 저 밖에 다른 어떤 곳에 따로 있다고 생각하면서
하는 염불은 염불선이 못됩니다.

　　　　　　　　이왕 염불을 할 것 같으면 염불선을 하고 싶다는 분들이 계십니다.

　저 같은 사람도 일반 염불과 염불선의 차이가 무엇인지에 대해 고민하기도 했습니다. 그런데 염불과 염불선의 차이를 고민하다 보니, 염불선의 체계에 대해서도 여러 가지 말이 많은 것을 알았습니다.

　염불도 마찬가지입니다. 나무아미타불 염불을 해도 꼭 자기 식대로, 자기 의견대로 해야 한다는 사람들이 많이 있습니다. 그러나 염불이 고유하게 정해진 음정에 따라서만 해야 하는 것이 아닙니다. 소

리를 내면서 해도 좋고, 안 내고 속으로만 해도 좋고, 계행(戒行)을 지키면서 염불을 해도 좋고, 계행을 지키지 못하면 또 지키지 못한 대로 염불을 해도 좋습니다.

염불은 다 좋은 것입니다. 자나 깨나 앉으나 서나 소리를 내나 안 내나, 염불하는 것은 어느 때나 좋습니다. 염불이라는 것은 생각 염(念)자에 부처 불(佛)자, 부처를 생각하고 또 생각하는 것입니다. 일정한 박자에 맞추지 않고 해도 문제가 없습니다. 염불을 하는 데 일정한 규칙이 있는 것도 아니고, 어느 누구 식으로 따라해야 하는 것도 아니라는 뜻입니다.

극락세계에서는 꼭 어떤 식으로 하라는 법은 절대로 없습니다. 극락세계라는 것은 모두가 다 광명정토(光明淨土)입니다. 지금 여기에 살고 있는 우리 사람같이 물질적 존재로 있는 것이 아니라, 오직 광명세계란 말입니다. 우리 몸도 광명입니다.

극락세계의 중생은 무극허무지신(無極虛無之身)입니다. 물질이 아닌 광명으로만 된 무량(無量)의 몸이라는 말입니다. 몸이 물질로 이루어진 것이 아니기 때문에 극락세계의 중생은 개체인 동시에 바로 전체입니다. 자기 몸이 우주와 분리되어 따로따로 존재하는 것이 아니라, 오직 하나의 몸이라는 뜻입니다.

극락세계의 중생뿐만 아니라, 지금 여기에 살고 있는 우리 중생들도 똑바로 본다고 생각할 때는 개체인 동시에 전체입니다. 개체와 전체는 절대 따로따로 분리된 것이 아닙니다. 제법무아, 모든 존재는 '나'라고 할 것이 없고 모든 것이 비어 있다는 것과 인연법(因然法)을 알면 저절로 알 수 있는 이치입니다.

중중무진(重重無盡)입니다. 모두가 다 한 고리로 얽혀 있다는 말입니다. 우주 전체가 하나의 몸입니다. 그런데 우리 중생은 전체를 보지 못하니까 내가 따로 있고 너도 따로 있다고 생각을 합니다. 인연법이 그래서 중요합니다. 인연법만 잘 알아도 우리 모두가 다 본래 하나의 몸인 것을 알 수 있습니다.

따라서 우리가 바로 볼 수만 있다면 저절로 참다운 대비(大悲)가 나옵니다. 참다운 자비가 나옵니다. 나와 남이 따로 있는 것이 아니라는 것을 알면 참다운 무주상행(無住相行)을 안 할 수가 없습니다. 나와 남이 둘이 아니기 때문에 남에게 베풀면서 나라는 상(相)을 낼 수가 없는 것입니다.

여기에서 염불과 염불선의 차이가 나옵니다. 염불선은 근원적인 문제, 즉 본체를 여의지 않고서 염불을 하는 것입니다.

어려운 것이 아닙니다. 여러 이치에 따라 천지와 내가 둘이 아니라는 것은 알겠지만 어려워서 이해가 되지 않는다고 해도 괜찮습니다. 이런 것들은 모른다고 하더라도, 천지우주는 본래 불생불멸(不生不

滅)이고 참다운 진여불성(眞如佛性)의 자리입니다. 그리고 바로 내 자성(自性)이라는 것을 기억하고 있으면 됩니다. 이것을 잊지 않고, 본체를 여의지 않고 염불을 하면 그것이 바로 염불선입니다.

부처님이 저 밖에 다른 어떤 곳에 따로 있다고 생각하면서 하는 염불은 염불선이 못됩니다. 그래도 그냥 염불은 되므로 그렇게라도 열심히 하다 보면 마음이 모아집니다. 본래 부처와 내가 둘이 아니므로, 꾸준히 염불을 하여 마음이 모아지면 결국은 우주의 본바탕인 진여불성과 하나로 계합됩니다.

지금은 여러 가지로 혼란한 시대입니다. 마음을 모으기도 어렵거니와, 자본주의 산업사회라는 것은 많이 생산하고 많이 소비하는 것을 미덕으로 치는 사회입니다. 그러나 생산할 수 있는 물질이라는 것은 한계가 있기 마련인데, 사람 욕심만은 한계가 없습니다. 그러다 보니 자연히 무시무시한 경쟁사회가 될 수밖에 없습니다. 서로 많이 가지려고 하고 서로 좋은 자리를 차지하려다 보니 사람들끼리 다투기는 쉽고 화해하기는 어렵습니다. 그야말로 별스러운 사회적 폐단들이 등장하고 환경도 파괴됩니다.

모두가 다 바른 진리를 모르는 데서 오는, 무지(無知)와 무명심(無明心)에서 비롯된 폐해입니다. 이 혼란스러운 사회에서 가장 중요한 문제는, 내 것 네 것을 갈라 누가 더 많이 차지하느냐가 아니라, 모든 존재의 근원에 우리 마음을 두어야 한다는 것입니다. 생명의 본체에 마음을 두어야 합니다.

생명의 본체가 곧 불성이고 법신이고 진여입니다. 부처님께서 마르고 닳도록 말씀하신 법신·진여·불성 또는 실상·실재, 또는 주인공, 이런 말이 모두 다 하나의 도리입니다. 그 자리가 바로 열반이고 바로 극락입니다. 거기에 마음을 두어야 참다운 불교가 됩니다.

따라서 우리가 진리를 바로 본다고 생각할 때는 사바세계 이대로 극락세계가 되는 것입니다. 또한 우리 몸이 그대로 나무아미타불입니다. 왜냐하면 전체 우주의 생명과 내 생명이 따로따로 분열되어 있는 것이 아니기 때문입니다. 그러나 우리는 본바탕을 보지 못하고 몽환포영(夢幻泡影) 같은, 꿈이요 그림자요 거품 같은, 들떠 있는 상만 봅니다. 중생의 인식 능력으로는 그렇게밖에 보지 못합니다. 모두가 하나의 생명인 것을 깨닫지 못합니다.

그러나 우리가 마음이 통일되어 깊은 삼매(三昧)에 들어 진여불성을 깨닫게 되면 근본 바탕을 볼 수 있습니다. 너와 내가 둘이 아니고 천지와 내가 둘이 아닌, 우주의 모두가 하나의 생명으로 해서 통일되어버리는 그런 근본 바탕을 보는 것입니다. 우리는 이런 경지에까지 가야 합니다. 그래야 생사윤회를 초월할 수 있는 것입니다.

이런 것을 알게 되면 화두와 참선이 염불선보다 훨씬 높은 차원에 있다는 생각을 버리게 됩니다. 삼매라는 것도 참선과 거의 같은 뜻입니다. 우리 마음을 하나로 통일시켜서 우주의 본 생명, 진여불성과 하나가 되는 것이 참선의 목적입니다. 삼매도 마찬가지입니다. 우리 마음이 삼매에 든다는 것은 산란한 마음을 쉬게 하여 우주의 본바탕과 하나가 되는 것입니다.

불교인이라면 누구나 진여불성 자리에 들기를 원합니다. 그러기 위해 염불도 하고 염불선도 하는 것인데, 가장 쉬운 방법이 있습니다. 바로 염불삼매(念佛三昧)입니다.

공부를 해보신 분들은 우리 마음을 통일시킨다는 게 얼마나 어려운 일인지 잘 압니다. 앉아서 집중을 하려고 하면 오만 가지 생각이 다 듭니다. 그 생각의 실마리를 모두 거두어 하나로 모으기가 얼마나 어렵습니까. 마음을 통일시킨다는 게 그토록 어려운 일이기 때문에 그 방법으로 화두라는 것도 나온 것입니다.

과거 전생에 업장이 가벼운 분들이나 마조나 임제나 백장 같은 스님들은 마음을 먹으면 바로 직지인심이라, 즉시 내가 부처란 것을 느낄 수 있습니다. 그러나 요즘처럼 여러 가지 잡다한 정보가 넘쳐나는 시대에 우리처럼 범상한 사람들은 좀처럼 마음을 통일시키기가 어렵습니다. 이럴 때 가장 쉬운 방법이 염불을 통해 마음을 모으는 것입니다.

보배로운 이름 아미타불

아미타불의 이름은 무생청정 보주명호입니다.
이름 자체에 일체 공덕이 갖추어져 있기 때문에
참선병이나 세간의 병도 정말로 마음만 모아지면 다 치유할 수가 있는 것입니다.

화두참선을 할 때 병이 많이 걸립니다. 이것을 따로 참선병(參禪病)이라고 할 정도입니다. 화두를 말한 대혜종고스님도 화두할 때 걸리는 열 가지 병을 언급하셨고, 거기에 보조스님이 네 가지를 보태서 화두할 때 생기는 병 열네 가지를 말씀한 법문이 있습니다.

이와 같이 참선할 때 상기(上氣)가 되는 등 화두에 따르는 병은 많이 있는데, 정작 그 병을 다스리는 법은 찾아보기 어렵습니다. 그런데 병을 다스리는 것도 부처님 법으로 하면 참 쉽습니다. 참선병을 고치는 부처님 법이 무엇인가 하면 바로 염불입니다. 이것저것 다 놔 두고서 염불을 하면 고쳐집니다.

머리가 상기되어 깨질 듯 아파도, 화두하는 마음, 즉 의심하는 마음을 내려놓고 '천지우주가 무량의 공덕을 갖춘 부처님으로 충만해 있다'고 생각하면서 나무아미타불 염불을 하면 얼마 안 되어서 다 풀려갑니다. 아미타불의 이름은 무생청정 보주명호입니다. 이름 자체에 일체 공덕이 갖추어져 있기 때문에 참선병이나 세간의 병도 정말로 마음만 모아지면 다 치유할 수가 있는 것입니다.

그리고 법희선열(法喜禪悅)을 느껴야 합니다. 무엇을 공부하든 재미가 없으면 오래 하기가 어렵습니다. 부처님 법도 마찬가지입니다. 부처님 공부를 할 때는 행복감이나 몸도 마음도 가벼워지는 것을 느껴야 되겠지요. 이러한 기쁨을 느끼지 못하면 공부를 오래 하기가 어렵습니다.

장엄한 광명세계, 모든 것이 원만하게 갖추어진 영원한 고향, 우리의 이상향인 극락세계를 마음에 두고 항상 생각하면 기쁨이 절로 나오게 됩니다. 그리고 그렇게 생활하면 인간사의 모든 갈등이 바로바로 해소되는 것입니다.

이 우주란 것은 부처님의 공덕으로 가득 차 있습니다. 그래서 정말로 마음이 부처님한테 모아지면 차의 엔진 소리도 나무아미타불을 하고 있고, 바람 소리도 나무아미타불을 하고 있고, 시냇물 소리도 나무아미타불 소리로 들립니다.

따라서 어떤 의미에서나 가장 소중한 공부 방법이, 또는 우리 마음을 가장 쉽게 통일시키는 방법이 바로 염불입니다. 또 마음이 통일되면 통일된 데서 느끼는 행복이 굉장히 큰 것입니다. 그렇게 법희선열을 느껴야 합니다.

이런 경지를 알기 위해서는 염불을 하다 말다 하다 말다 해서는 안 됩니다. 끊김 없이 염불을 하되, 꼭 입 밖으로 소리를 내야만 한다거나 내지 말아야 한다거나 하는 한계를 지을 필요는 없습니다. 소리 내면 내는 대로 좋고 안 내면 안 내는 대로 좋은 것이 염불입니다. 그래도 굳이 따지면 소리 내는 것이 더 좋습니다. 계행을 지키면서 해도 좋고 못 지키면 못 지킨 대로 효험이 있지만, 이왕이면 계행도 지키고 고기도 안 먹고 하는 것이 더 좋습니다.

고성염불(高聲念佛) 열 가지 공덕 가운데 하나가 천마경포(天魔驚怖)라고 했습니다. 나쁜 귀신들이 나무아미타불 염불 소리를 들으면 놀라고 두려워하여 우리한테 침범을 못합니다. 더군다나 염불 소리에 선신(善神)들이 우리 옆에 와서 에워싸고 지킵니다. 염불 소리는 나쁜 귀신들을 쫓아냄과 동시에, 선신들을 불러들여 우리를 이중 삼중으로 보살펴주는 소리입니다.

따라서 어느 때나 어느 자리에서나 염불을 하다 보면 자기도 모르는 가운데 마음이 본래의 자리로 차근차근 돌아가게 되는 것입니다. 그렇게 하여 한 순간도 염불을 놓지 말고 우리가 필경 돌아가야 할 영원한 고향인 극락세계로 마음을 모아야 합니다. 극락세계의 이미지를 놓치지 말고 나무아미타불 염불을 해서 깨달음을 얻으면, 바로 이 자리에서 극락세계의 다시없는 영원한 행복을 다 수용할 수가 있습니다.

극락세계, 참다운 실상

극락세계는 분명히, 명명백백하게 존재하는 실상(實相)의 세계입니다.
우리 인간의 눈으로 보이는 것은 가상의 세계이고,
극락세계야말로 참다운 실상의 세계인 것입니다.
극락세계는 우리가 몇만 번의 생을 되풀이한다 하더라도
반드시 도달해야 할 근원적인 영생의 고향입니다.

부처님 가르침에는 여러 가지가 있습니다. 그 중에는 어려운 말도 있고 쉬운 말도 있습니다. 그러나 알고 보면 모두가 다 같은 가르침입니다. 부처님 말씀은 모두 다 영생불멸한 고향 자리를 보여주는 가르침입니다. 그러나 그런 자리는 우리 중생이 가진 보통 마음으로는 갈 수가 없습니다. 자기 생명의 근본 도리를 알지 못하면 그 영원한 고향 자리는 갈 수가 없습니다. 그 자리에 가기 위해서는 우선 자기 생명의 근본 도리를 알아야 하는 것입니다.

불성(佛性)이나 법성(法性)이나 진여(眞如)나, 우리 생명의 근본 도리를 표현한 말은 여러 가지가 있습니다. 그러나 그런 말만 가지고서는 우리의 근본 성품을 알 수가 없습니다.

사람들의 인식능력은 한계가 있어서 육안에만 의존합니다. 눈에 보이는 현상적인 상(相)밖에 인증을 못하는 것입니다. 나라는 상[我相], 너라는 상[人相], 또는 중생이나 산이나 물이라고 하는 상대 유한적인 상[衆生相, 壽者相]밖에 인식을 못합니다.

그러나 그런 상을 가지고는 우리 본래의 자리를 알 수가 없습니다. 부처님 법을 한 말로 말하면, "모든 상을 거두어서, 상을 여의고서 상을 초월한 영원의 자리로 돌아가라[攝相歸體, 捨妄歸眞]"는 말씀, 즉 다시 말하면 본체로 돌아가는 말씀인데, 사람들은 상(相)밖에 인식하지 못하므로 부처님 법에 다가가기가 어려운 것입니다.

그래서 극락세계를 이야기하면 눈에 보이는 것이 아니기 때문에 못미더워합니다. 극락세계란 참으로 있는 세계가 아니라 사바세계에서 고생하는 중생들을 달래기 위한 하나의 방편이라고 생각하는 분도 많습니다. 심지어는 스님들 가운데서도 극락세계가 실제로 있는지 의문을 품는 분들이 있습니다.

"백문(百聞)이 불여일견(不如一見)"이라는 말이 있습니다. 백 번 듣는 것이 한 번 보는 것에 미치지 못한다는 것인데, 눈에 보이지 않는 극락세계를 백번 천번 듣는다고 해도 마음에 닿기가 어려운 것입니다. 그래서 많은 사람들이 극락세계를 낯설게 생각하고, 정녕 우리의 근본 자리를 믿어야 할지 고민하고, 극락세계에 도달하기 위해 노력을 해야 하는지 의심을 합니다.

극락세계는 분명히, 명명백백(明明白白)하게 존재하는 실상(實相)의 세계입니다. 우리 인간의 눈으로 보이는 것이 가상의 세계이고, 극락세계야말로 참다운 실상의 세계인 것입니다.

극락세계는 우리가 몇만 번의 생을 되풀이한다 하더라도 반드시 도달해야 할 근원적인 영생의 고향입니다. 인간은 극락세계에 가기 위해 언제 끝날지 모르는 여행을 하고 있는 존재인 것입니다.

이것은 비단 불교뿐만이 아니라 다른 종교에서도 마찬가지입니다. 우리는 극락세계라고 하는 영원의 세계에 가기 위해서 걸음걸음 여행을 하고 있는 것입니다.

그러면 왜 극락세계에 가야 하냐고 묻는 분들이 있습니다. 우리 인간이라는 것은 본래 극락세계에 가게 되어 있습니다. 우리의 본래 성품이 불성이기 때문입니다. 인간뿐만이 아니라 우주의 모든 존재가 불성으로, 부처의 성품으로 이루어져 있습니다. 일체만유(一切萬有)가 본래 불성으로 되어 있기 때문에 불성과 오로지 하나가 되는 자리에 있지 않고서는 항상 불안할 수밖에 없습니다.

오리무중(五里霧中)이라는 말이 있습니다. 사방 5리에 안개가 자욱한 것처럼 갈피를 잡을 수 없다는 뜻입니다. 현대식 단위로 말하면 사방 2km에 안개가 자욱한 것입니다. 안개가 조금만 끼어도 앞이 잘 안 보여 답답한 것이 사람인데, 2km나 자욱하게 안개가 끼어 있으면 앞뒤 분간도 못하고 답답하기 그지없는 것입니다.

우리의 생활이라는 것은 그와 똑같습니다. 전생에 대해 알 수도 없고, 죽어서는 어디로 갈지도 모릅니다. 몇분 앞도 내다보지 못하는 것이 인간이니 과거도 모르고 미래도 모릅니다. 그러니 마음이 불안하지 않을 수가 없습니다. 성자(聖者)가 되어야 비로소 과거나 미래를 훤히 내다볼 수 있습니다. 견성오도(見性悟道)라, 자기 본래의 성품을 봐야만 비로소 시야가 트인다는 말입니다. 범부(凡夫)는 절대 알 수가 없습니다.

그런데 견성오도를 말하면 견성오도는 열심히 공부하는 스님들이나 할 수 있는 것이라고 생각하는 사람들이 많습니다. 일반 사람들이야 부처님 말씀만 조금 따라가는 것도 벅찬데 어떻게 견성오도의 경지에 이를 것인지 걱정부터 합니다.

그러나 그렇게 쉽게 생각하고 쉽게 포기하면 안됩니다. 견성오도를 못하면 어떻게 될 것인지를 생각해야 합니다. 견성오도를 못하면 육도윤회(六道輪廻)입니다. 지옥이나 아귀나 축생이나 아수라나 인간이나 또는 천상으로 뱅뱅 돈단 말입니다.

과거의 위대한 학자들 중에서는 윤회설(輪回說)을 이야기한 분들이 많습니다. 윤회설은 우리가 지은 업보에 따라 사람으로, 축생으로, 지옥으로 뱅뱅 돈다는 것입니다. 참다운 도인(道人)들은 윤회설을 말하지 않을 수가 없습니다. 그 사람들은 과거나 현재를 뻔히 내다보는 분들입니다. 분명히 보이는 것이니 윤회설을 긍정할 수밖에 없는 것입니다.

비록 지금은 우리가 인간의 몸을 받아 있다 하더라도 과거 전생을 볼 수 있는 숙명통(宿命通)으로 보면 다릅니다. 전생에 더러는 귀신도 되고, 더러는 축생도 되고, 또는 지옥도 다 갔었다는 말입니다. 우리의 본래 성품은 다 부처이고 불성이지만, 무지(無知)와 무명심(無明心) 때문에 말도 함부로 하고 행동도 함부로 하고 생각도 함부로 하면 결국 개도 되었다가 소도 되었다가 합니다. 그러다가 조금 제대로 살아서 지금에야 사람으로 태어난 것입니다.

인과(因果)라는 것은 조금도 더하고 덜함이 없이 꼭 그대로 다 받습니다. 지금 우리가 금생에서 여러 가지 고생을 겪고 있지만, 이런 것이 모두 다른 누구의 잘못이 아니라 우리 스스로 지어서 그대로 받고 있는 것입니다. 우리 몸이나 목소리나 얼굴 생김생김도 모두가 다 과거세 자기 업(業)의 과보(果報)를 금생에 받은 것입니다. 다음 번 생인 내생도 마찬가지입니다. 내생은 금생에 내가 어떻게 살았는지에 따라 받게 됩니다.

불경에 "일념오백세(一念五百歲)라는 말이 있습니다. 한 가지 생각을 하면 그 생각의 기운이 오백세 동안이나 흘러간다는 것입니다. 남을 미워하면 미워하는 그 마음이 한 생 두 생 거듭해서 오백세 동안이나 흘러갑니다. 남을 지나치게 좋아해도 역시 마찬가지입니다. 나쁜 생각 하나, 좋은 생각 하나를 품어도 그 기운이 오백세나 흘러갑니다.

이렇게 스스로 짓고 스스로 받는 것이 우리의 인생입니다. 가족이나 친지나 친구나 혹은 같이 모여 공부하는 사람들 모두, 만나서 서로 참 반가운 고향 사람들이지만, 우리는 또 조금만 더 있으면 반드시 헤어지지 않으면 안됩니다. 우리는 돌고 도는, 숙명적인 무상(無常)의 물결 위에 타고 있기 때문입니다.

그렇기 때문에 영원한 고향이라 하는 극락세계가 없다고 하면 인생을 살 가치가 없습니다. 모든 생명 있는 것들은 어차피 죽어갈 것이고, 죽은 뒤에 천상도 없고 극락도 없이 그냥 자연적으로 뱅뱅 도는 윤회만 있다고 생각할 때는 삶이 의미가 없습니다.

영원불멸의 극락세계는 분명히 실제로 존재합니다. 우리가 지금 사는 것이야말로 가상에 불과한 것이고, 극락세계만이 실제로 존재하는 영원의 고향이고 참다운 실상의 세계입니다.

견성오도, 어렵지만 가장 쉬운 길

금생에 먹고 사는 것도 어려운데
어떻게 성자들만 갈 수 있다는 견성오도라는 길을 갈 것인가?
이렇게 아득한 마음을 품는 사람들도 있을 것입니다.
그러나 부처님한테 가는 길이, 부처가 되는 길이 제일 쉬운 길입니다.

부처님 가르침은 참으로 신묘하고 이루 헤아리기 어려운 가르침입니다. 그렇지만 어려운 목표만 내놓고 그 목표를 달성할 수 있는 방법을 무시한 가르침은 아닙니다.

우리가 돌아가야 할 영원의 고향 극락세계, 그토록 소중한 그곳에 도달하기 위해서 어떻게 해야 하는지를 알려주는 법문이 8만4천가지, 이른바 팔만사천법문(八萬四千法門)입니다. 참선을 하는 것이나 주문을 외는 것이나 염불을 하는 것이나, 모두가 다 극락세계에 가기 위한 법문입니다.

극락세계는 우리 마음이 열려야 갑니다. 자기의 마음을 깨닫고 자기 본래의 성품을 깨우치는 견성오도의 단계에 이르는 것은 분명 어려운 일이지만, 그런 단계가 되어야 비로소 극락세계에 도달할 수 있습니다. 불성을 공부하여 자기의 성품을 보고[見性], 진리에 이르는 길을 깨우치는[悟道] 것이야말로 극락세계로 가는 길입니다.

견성오도를 하면 부처님의 길을 가고 부처님을 닮게 됩니다. 그런데 지금 불교인들이 과연 부처님의 뜻을 따라 부처님을 닮아가고 있냐 하면 그렇지가 못합니다.

인도의 성웅 간디는 "나는 그리스도를 좋아한다. 그러나 나는 크리스천을 싫어한다."고 말했습니다. 간디가 저런 이야기를 한 것은 예수를 사모하고 따르는 크리스천이 정작 예수를 닮지 않았기 때문입니다. 예수처럼 훌륭한 사람을 따르면서 그를 섬기는 사람들이 예수의 말이나 행동을 닮지 않는단 말입니다. 욕심은 욕심대로 부리고 성질은 성질대로 부린단 말입니다.

그러나 이것은 비단 기독교의 문제만이 아닙니다. 간디가 지금 불교인들을 본다면, 나는 부처님은 좋아하지만 불교인들은 싫어한다고 말을 할 것입니다. 물론 부처님을 닮는다는 것이 쉬운 일은 아닙니다. 견성오도를 해야 하니 쉽지는 않습니다. 그러나 어려운 길이라고 해서 가지 않겠다고 포기하는 것은 불교인의 자세가 아닙니다.

견성오도의 문제는 불교인들만의 문제가 아닙니다. 견성오도는 쉽지 않지만, 결국은 어느 누구나 꼭 해야 하는 것입니다. 견성오도를 하지 않고서는 우리 마음이 불안에 시달릴 수밖에 없습니다. 우리의 본래 성품은 불성이기 때문에, 불성과 오로지 하나가 되는 자리에 있지 않고서는 항상 불안할 수밖에 없습니다. 견성오도의 경지에 도달해야만 마음의 불안과 혼란을 다 불식시키고 정말로 행복한 마음의 평화를 얻을 수 있습니다.

우리의 인생은 정말로 오랜 나그네 길입니다. 태어나고 죽어가면서 과거 전생에도 수없이 많은 생을 되풀이해왔으며, 미래에도 무수한 생을 살아가야 합니다. 극락세계에 가지 못하면 윤회를 통해 무수한 생을 다시 되풀이할 수밖에 없습니다. 자기가 닦은 대로 뱅뱅 돕니다. 행동 하나하나, 생각 하나하나, 말 하나하나가 의식에 남아 있다가 그것이 업보가 되어 가지고 우리 생을 결정합니다. 눈 생김 하나하나, 코 생김 하나하나 모두가 다 과거에 어떻게 살았는지에 따라 지금 업보를 받고 있는 것입니다.

윤회는 무섭고 싫은 일이지만 그것도 하나의 진리입니다. 부처님 같으신 분은 백겁장엄(百劫莊嚴)입니다. 부처님은 100겁이라고 하는, 측정조차 할 수 없는 무한한 시간 동안 자기 몸을 호랑이한테 바치기도 하고, 부처님 법을 듣기 위해서 몇 번이나 목숨을 바치기도 했습니다. 그렇게 무수한 생을 거듭하며 어렵고 고된 일을 행한 결과 만덕존상(萬德尊像) 32상(相) 80수형호(隨形好)라 일컫는 존귀하고 장엄한 상을 얻게 된 것입니다.

그에 비해 사람들의 얼굴 표정이라는 것은 어떻습니까. 화를 내고 남을 멸시하고 못마땅한 표정을 짓는 자기의 얼굴을 한 번이라도 거울로 보면 압니다. 자신의 몸을 금덩어리같이 아끼지만, 찌푸릴 때의 자기 얼굴이라는 것은 추하기 그지없습니다.

거듭되는 윤회의 길에, 인생이라는 오랜 여행길에 나를 이끌고 지지해줄 스승이 없다면 적막하기 이를 데 없을 것이지만, 우리 곁에는 다행히도 석가모니 부처님 같은 스승, 예수 같은 스승, 공자 같은 스승이 많습니다. 불교에서 한국의 스승님들만 봐도 원효대사, 의상대사, 대각국사, 보조국사, 서산대사… 그런 훌륭한 스승들이 얼마나 많습니까.

그런 스승들이 큰 노력 없이 쉽게 견성오도를 하신 것이 아닙니다. 과거 전생에도 무수생(無數生) 동안 닦아 내려오셨고, 부처님께서도 금생에 사람 몸 받아서 6년 고행을 했습니다. 위대한 스승들도 이럴진대, 우리같은 일반 중생들이 쉽고 편하게 견성오도라 하는 인생의 진면목을 얻을 수는 없습니다.

이것도 어렵고 저것도 귀찮고, 그래서 '그렁저렁 한 세상 살아도 되지 않겠는가?'라고 대충대충 넘긴다고 해서 피할 수 있는 것이 아닙니다. 그렇게 피한다고 해도 나중에는 아무 때 가도 갈 길입니다. 내생에 가도 가야 할 길이고, 또 그 다음 생에도 가야 할 길입니다. 그러니 어렵고 귀찮게만 생각하면 안됩니다.

'금생에 먹고 사는 것도 어려운데 어떻게 성자들만 갈 수 있다는 견성오도라는 길을 갈 것인가?' 이렇게 아득한 마음을 품는 사람들도 있을 것입니다. 그러나 부처님한테 가는 길이, 부처가 되는 길이 제일 쉬운 길입니다. 부처님에게 가는 길만이 사람 마음의 불안을 씻어버릴 수 있고, 부처님에게 가는 길만이 사람들끼리 화해할 수 있게 해줍니다.

사람 사이의 일뿐만이 아니라, 진리를 추구하는 일에 있어서도 마찬가지입니다. 진리는 둘이 아니기 때문에 부처가 되는 길만이, 부처님한테 가는 길만이 각 종교와 참다운 화해를 이룰 수 있는 길입니다.

그렇기 때문에 부처님에게 가는 길로 인도하는 일의 공덕은 한없이 높습니다.

자녀교육을 시킬 때도 그렇습니다. 부모는 자녀가 돈 많이 벌고, 공부 잘 하고, 높은 지위에 오르기를 바라며 과외도 시키고 유학도 보내고 하지만, 그것보다도 더 중요한 것은 부처님에게 가는 길을 몸소 실천하여 자녀의 모범이 되는 것입니다. 자녀가 부모님에게 하는 효도도 마찬가지입니다. 곁에서 모시지 못하고 용돈도 넉넉하게 드리지 못하는 처지라고 하더라도, 부모님을 위해서 부처님한테로 가는 길을 역설하고 권고했다면 그 효성이 이루 말할 수가 없습니다. 영생의 길로 인도했기 때문입니다.

어떠한 것이나 부처님한테 가는 길 속에는 모든 문제의 모든 해결이 다 포함되어 있습니다. 그렇기 때문에 부처가 되는 길이 가장 쉬운 것입니다. 마음도 편하고 몸도 편합니다. 다른 사람을 미워한다고 생각할 때는 우선 자기 마음도 불편하고 자기 몸도 불편합니다. 남을 미워하면 자기도 그만큼 힘듭니다. 그러나 다 풀어버리면 편합니다. 그렇기 때문에 우리는 마음으로 깊이 부처님 공부를 해야 됩니다.

몸과 마음이 무상하고 허망하다

무상하고 허망한 몸뚱이와 마음이 결합되어 있는 것이
자기 자신이고 인간 존재라고 생각하는 한 우리는 참다운 진리를 알 수가 없습니다.
그렇기에 불교는 무아(無我)의 도리, 즉 '내가 없다'는 도리입니다.

부처님 공부를 하는 데 가장 방해가 무엇인가 하면 바로 "망아(妄我)"입니다. 참다운 자기를 모르고, 자기를 망령되게 잘못 안다는 말입니다.

우리의 몸이라는 것이 도대체 무엇입니까. 산소나 수소나 탄소나 질소나, 그런 모든 것들이 인연 따라서 결합된 것입니다. 우리의 마음은 또 무엇입니까. 우리가 감수(感受)하고 상상(想像)하고 의욕(意慾)하고 분별시비(分別是非)하는 것들이 모여서 이루어진 것입니다. 현상적으로 나타나 있는 '나'라는 존재의 몸뚱이는 산소나 수소나 탄소같은 원소가 인연 따라서 결합된 것이고, '나'라는 존재의 마음은 금생에 태어나서 느끼고 상상하고 의욕하고 분별하는 것들입니다.

그러나 우리의 본래면목은 마음이나 몸뚱이나 또는 어느 구석에 존재하는 하나의 티끌이나 모두가 다 불성 아닌 것이 없습니다. 부처님 성품 아닌 것이 없습니다.

그런데 우리는 인간이라는 것이 마음과 몸뚱이로 이루어진 것이라고 생각합니다. 허망한 것들이 모여서 이루어진 그것을 '나'라고 생각한다는 말입니다. 이것이 바로 '잘못 알고 있는 나', 망아입니다.

사람들은 분명히 '나'라는 것이 존재한다고 생각합니다. 나라는 사람은 김아무개고 저 사람은 박아무개다, 이렇게 구별을 짓고 분명히 따로따로 존재한다고 믿지만, 불성의 차원에서 보면 마음과 몸뚱이라는 것은 사실 없는 것입니다. 우리가 있다고 잘못 생각하는 것이지, 깊이 생각해보면 없는 것입니다.

그 망아에 얽혀 있는 한 우리는 도저히 풀려나올 수가 없습니다. 무상하고 허망한 몸뚱이와 마음이 결합되어 있는 것이 자기 자신이고 인간 존재라고 생각하는 한, 우리는 참다운 진리를 알 수가 없습니다.

그렇기에 불교는 무아(無我)의 도리, 즉 '내가 없다'는 도리입니다. 무아를 모르면 불교를 모르는 것입니다. 불교를 믿는다고 하더라도 무아의 도리를 모르고서는 부처님에게 복이나 비는 정도밖에는 더 못 나갑니다. 그러나 부처님은 복이나 받고 한 세상 영화롭게 누리는 방법을 가르치는 것이 아닙니다. 부처님의 가르침은 근원적인 영원한 행복을 보장하는 가르침입니다. 그 가르침을 받고 영원한 행복의 길로 나아가기 위해서는 허망한 것을 허망하다고 분명히 봐야 합니다.

우리가 허망한 것을 허망하다고 바로 보는 것이 이른바 제법공(諸法空)입니다. 여러 불자님들이 외는 『반야심경(般若心經)』 도리가 바로 모든 것이 비어 있다는 것을 가르치는 귀중한 말씀입니다. 전도몽상(顚倒夢想)이라, 우리가 제대로 보지 못하고 뒤바꿔서 거꾸로 본다는 말입니다. 그렇기 때문에 부처님 말씀을 따라 옳게 나아가지 못합니다. 거꾸로 뒤바꿔서 보지 않고, 바로 볼 수 있어야 바른 길을 갈 수 있습니다.

바로 본다는 것은 우리의 몸뚱이나 허튼 생각들이 모두가 다 무상하고 허망하다는 것을, 우리가 있다고 생각하는 것들이 사실은 없다는 것을 아는 것입니다. 중생들의 눈으로 보면 명명백백히 있다고 보일지라도, 깨달은 분상(分上)에서 본다고 생각할 때는 또 명명백백히 없습니다.

그렇기에 제법공입니다. 제법공이란 말은 우리 눈에 보이는 상이 모두가 다 비었다는 말씀입니다. 제법공을 모르고서는 불교를 알 수가 없습니다.

불교라는 것이 참으로 신묘하고 방대한 가르침입니다. 그런데 반야심경 한편만 바로 알면 그때는 다 알아버리는 것이 또 불교이고 부처님 가르침입니다. 눈에 보이는 현상적인 상에 사로잡혀서 우리가 바른 길로 나아가지 못하는데, 그런 모든 상이 본래 허망하다는 것만 알아버리면 그때는 불교를 다 깨달아버립니다.

그러나 그렇게 하는 것이 또 쉽지는 않습니다. 우리 마음이 본래 하나이고 본래 모두가 비어 있다는 진리를 알기 위해서는 부지런히 공부를 해야 합니다.

우리가 관세음보살 나무아미타불을 외고 화두공안(話頭公案)을 의심하는 것이 모두 좋은 공부입니다. 그런 공부를 하면서 우리 마음에 흩어져 있는 생각들을 연결시켜야 하고, 이런 수행을 꾸준히 지속시켜야 합니다. 그래야 우리 마음이 힘이 생깁니다. 염불을 하든 화두를 잡든 열심히 공부를 해서 마음을 하나로 모아야 합니다.

모든 것이 불성입니다

불교를 믿을 때는 다양한 병균조차도
모두가 진여불성으로 이루어져 있다는 것을 항시 생각해야 합니다.
진여불성을 한순간도 놓치지 않고 공부를 하기 위해서
화두공안이 있고 염불도 있는 것입니다.
진여불성으로 이루어지지 않은 것은 아무것도 없습니다.

여러 불자님들이 사흘이나 일주일이나 삼칠일이나 기도를 모십니다. 기도 모시면 어떤 병이라도 낫습니다. 사람들이 끔찍하게 생각하는 나병의 병균조차도 부처님 도리에서 본다고 생각할 때는 불성으로 되어 있기 때문입니다.

현미경을 가지고 인간의 제한된 시각으로 볼 때는 이러한 사실을 깨닫기가 어렵습니다. 나병의 균은 나병의 균대로 따로 있고 폐병의 균은 폐병의 균대로 따로 있는 것처럼 보입니다. 그러나 깨달은 안목에서 본다고 생각할 때는 나병의 균이나 폐병의 균이나 모두가 다 불성으로 되어 있습니다.

따라서 나무아미타불을 외는 것을 그냥 입으로 아무렇게나 부르는 것이라고 생각해서는 안됩니다. 모든 존재의 근원인 불성 자리, 우주의 근본 순수한 그런 에너지인 그 불성 자리를 인격으로 표현해서 부르는 말이 나무아미타불 관세음보살입니다. 불법을 생각할 때 인격적으로 생각하면 큰 도움이 됩니다.

우리 인간 생명의 근본인 동시에 우주 모든 생명의 근본 자리인 불성은 하나의 생명입니다. 어떠한 제한도 없이 우주에 가득 찬 생명입니다. 불성은 그래서 어떠한 공간 속에도 다 들어 있습니다.

요즘 사람들은 불성을 기(氣)라고 말하기도 합니다. 내가 아파서 누워 있으니 여러 사람들이 와서 기를 넣어준다고 합니다. 그래서 내 기는 내가 스스로 넣고 있으니까 그렇게 하지 않으셔도 된다고 사양을 했습니다.

우주에는 일종의 에너지, 기가 충만해 있습니다. 그리고 그런 것의 가장 순수한 상태가 이른바 불성입니다. 따라서 어떠한 병균이라도 그 근본은 불성입니다. 불성이 어떻게 진동하고 어떻게 운동하는가, 또 불성이 어떻게 결합되어 있는가에 따라서 나병의 균도 되고 폐병의 균도 되는 것입니다.

불교를 믿을 때는 다양한 병균조차도 모두가 진여불성으로 이루어져 있다는 것을 항시 생각해야 합니다. 진여불성을 한순간도 놓치지 않고 공부를 하기 위해서 화두공안이 있고 염불도 있는 것입니다. 진여불성으로 이루어지지 않은 것은 아무것도 없습니다. 우주를 근본 바탕에서 본다고 생각할 때는 모두가 다 불성뿐입니다. 현상적으로, 상으로 본다고 생각할 때는 내가 있고 네가 있고 우주의 두두물물이 천차만별로 있다 하더라도, 근본 자리에서 본다고 생각할 때는 모두가 다 진여불성뿐입니다.

진여불성 자리, 이 중요한 말만은 꼭 외워야 합니다. 자성(自性)이라고도 합니다. 견성오도는 반드시 자성을 통해야 된다고 했는데, 자성이란 말이나 불성이라는 말이나 같은 말입니다. 자성을 깨달으면 그것이 견성이고, 견성을 하면 바로 오도라, 도를 깨닫는다는 말입니다.

우리는 모두 영생불멸한 고향 자리에 들어가야만 영원히 행복을 얻을 수 있습니다. 비록 지금은 사바세계에, 그 인생의 고해(苦海) 속을 헤매고 있을지라도 우리는 항상 고향 자리를 생각하고 그리워하고 동경해야 합니다.

우리는 지금 실향민(失鄕民)과 같습니다. 고향을 잃은 사람들은 한결같이 고향을 그리워하고 고향에 가기 위해 애를 씁니다. 우리도 그와 같이 고향 자리를 그리워해야 합니다. 그러한 그리움이 깊을수록 고향에 한시라도 빨리 가려고 노력하게 되고, 그 노력만큼 우리는 고향 자리에 빨리 당도할 수 있는 것입니다.

그렇기 때문에 극락세계에 가려 하는 간절한 흠모심(欽慕心)이 필요하고, 그것이야말로 우리 마음의 소중한 힘이 됩니다.

『법화경(法華經)』에는 "심회연모(心懷戀慕) 갈앙어불(渴仰於佛)"이라는 말이 있습니다. 마음으로 극락세계를 연모하고, 목이 마를 때 물을 찾듯이 간절히 부처님을 따라야 한다는 뜻입니다. 아이들이 배가 고플 때 젖을 먹고 싶어서 보채듯 하는 간절한 마음이 있어야 즉종선근(卽種善根)이라, 근성이 깊어짐과 동시에 고향 자리에 빨리 갈 수 있다는 말입니다.

하나의 명호, 아미타불

수많은 부처님의 이름 가운데서도
"제경소찬(諸經所讚) 다제미타(多在彌陀)"라고 했습니다.
극락세계나 영혼의 세계에 대해 말한 모든 법문이나 경전 가운데서
나무아미타불에 관한 법문이 제일 많다는 뜻입니다.

불교에는 보살들이 참 많습니다. 관세음보살, 지장보살, 문수보살, 미륵보살… 불교에는 이렇게 보살이 너무 많으니까 어떤 사람들은 불교를 다신교라고 착각하기도 합니다.

그러나 지장보살, 문수보살 기타 등등 여러 가지 부처님의 명호가 있다 하더라도, 본래는 모두가 다 하나의 자리입니다. 그 하나의 자리는 진여불성이라고 하는 자리, 바꿔서 말하면 법신불(法身佛)이라고 하는 자리입니다. 이런 사실을 모르고 단순히 불교에는 믿어야 할 부처님들이 많다고 생각해버리면 불교를 다신교라고 착각할 수밖에

없습니다. 그 하나의 자리를 놓쳐 버리면 그렇게 착각할 수밖에 없는 것입니다.

여기까지 이야기하면 그 하나의 자리를 왜 그렇게 수많은 이름으로 불러야 하는지 의문을 품습니다. 우리가 하다못해 금강산도 이름이 여러 가지입니다. 봄에는 빛나는 아침이슬이 마치 금강석과 같다고 하여 금강산이라고 부르고, 여름에는 봉우리마다 짙은 녹음을 볼 수 있다 하여 봉래산이라고 부르고, 가을에는 붉게 물든 단풍을 나타내느라 풍악산이라고 부르고, 겨울에는 계곡과 바위가 그대로 드러난다 하여 개골산이라고 부릅니다. 하나의 산을 가지고 계절과 의미에 따라 이름을 달리 부르는 것입니다.

부처님의 이름도 마찬가지입니다. 부처님은 하나이지만, 그 하나의 자리가 품고 있는 공덕이 너무도 다양하고 무한하여 수많은 이름이 붙게 된 것입니다. 자비만 있고 지혜가 없다든가, 지혜만 있고 자비는 없다거나 하는 것이 아니라, 자비도 있고 지혜도 있고 각종 별스러운 공덕이 다 있기 때문에 하나의 개념으로는 표현을 다 못하는 것입니다.

그래서 자비로운 쪽으로는 관세음보살이라고 부르고 지혜로운 쪽으로는 문수보살이라고 부르는 식으로 각각의 공덕을 인격화하여 이름을 붙인 것입니다. 사람처럼 김가가 따로 있고 박가가 따로 있는 것이 아닙니다.

불교인들은 부처님 사상이나 부처님 가르침은 모두가 다 하나의 도리라는 것을 알아야 합니다. 실제로 법신(法身)이나 법성(法性)이나 진여(眞如)나 실상(實相)이나 실체(實體)나 중도(中道)나, 모두가 다 같은 뜻입니다. 근기(根機)가 다른 만중생(萬衆生)을 제도하고자 이렇게도 표현하고 저렇게도 표현한 것이지, 각기 다른 것이 아닙니다.

바닷물에 비교하면 끝도 없이 광대무변한 바다는 바로 불성입니다. 그리고 바람에 따라 일어나는 파도는 근기가 다른 만중생에 해당합니다. 파도야 바람에 따라 높아지기도 하고 낮아지기도 하지만 바닷물의 성품은 조금도 변함이 없습니다.

우주는 불성이라고 하는 순수한 에너지, 순수한 생명으로 가득 차 있습니다. 우주라는 진여불성의 바다 위에서 작은 파도와 큰 거품이 제아무리 많이 있다 하더라도 그 근본은 다 똑같은 물입니다. 사바세계에서 사람이 되나 개가 되나 또는 지옥 중생이 되나, 모두가 다 불성으로 되어 있다는 말입니다.

'사람은 제법 거룩하니까 불성으로 되어 있지만, 지옥 중생이나 동물이나 식물 같은 것은 불성으로 이루어진 것이 아니지 않겠는가?' 라고 생각하시는 분들도 많지만, 그런 구분은 인간적인 인식 범위에서 말한 것이지, 근본에서 본다고 생각할 때는 다 똑같이 불성입니다.

그렇기 때문에 부처님을 부를 때 이렇게 부르든 저렇게 부르든 차이가 없습니다. 그런 것을 가지고 관세음보살을 불렀던 분에게 관세음보살을 부르는 것보다 나무아미타불을 외는 게 더 좋다고 하고, 나무아미타불을 외는 사람에게 지장보살을 부르는 것이 더 공덕이 높다고 주장하면 곤란한 일입니다. 그래서 어쩔 수 없이 같은 불교 내에서도 누구는 관세음보살을 부르고 누구는 나무아미타불을 외고 그렇게 다르게 부릅니다.

그런데 이왕이면 통일을 해서 부르는 것이 좋지 않겠습니까.

지금은 한 집안에서도 부모님은 불교를 믿고 아들은 가톨릭을 믿고 딸은 기독교를 믿는 세상인데, 누구에게나 신앙의 자유가 있으니까 나쁜 것은 아니겠지요. 그러나 한 집안에서 그렇게 뿔뿔이 다른 것을 믿으면 아무래도 갈등이 생기기 쉽습니다. 그러니 기왕에 믿을 것이라면 가족이 같이 믿어야 종교 가지고 싸울 일도 없고 가족이 함께 기도 모시기도 좋습니다.

부처님의 명호를 부르는 것도 마찬가지입니다. 부자가 나란히 앉아 서로 다른 이름으로 부처님을 부르는 것도 불편한 일입니다.

그러면 어떤 명칭으로 통일을 할 것이냐.

수많은 부처님의 이름 가운데서도 "제경소찬(諸經所讚) 다제미타(多在彌陀)"라고 했습니다. 극락세계나 영혼의 세계에 대해 말한 모든 법문이나 경전 가운데서, 나무아미타불에 관한 법문이 제일 많다는 뜻입니다. 이른바 본사(本師) 아미타불이라는 말입니다. 제아무리 부처님이 많이 나열되어 있다 하더라도 그 근본은 다 아미타불입니다.

우리가 나무아미타불이라고 할 때, 나무(南無)라는 것은 우리의 몸과 마음을 온전히 다 바쳐서 귀의한다는 뜻입니다. 아미타불은 법신(法身), 보신(報身), 화신(化身)을 다 겸해 있습니다. 모든 존재의 근본 자리인 법신과, 그 근본에서 이루어진 모든 현상계와, 그 가운데 들어 있는 모든 공덕을 다 포함한 포괄적인 이름이 이른바 아미타불입니다. 법신, 보신, 화신을 다 포괄하고, 눈에 보이는 세계나 안 보이는 세계나 모든 존재의 모든 공덕을 다 포괄한, 통합적인 명호가 아미타불이라는 말입니다.

그러니 모든 존재와 모든 명호를 다 포괄하는 아미타불을 부르는 것이 좋습니다. 참선을 하면서 묵묵하게 부처님한테 귀의할 때는 아미타불을 화두 삼아서 해도 좋습니다. 소리를 내서 할 때는 아미타불에 귀의한다는 뜻을 덧붙여 나무아미타불이라고 하면 여섯 자가 되어 음률이 잘 들어맞습니다.

신라 때의 원효스님은 한국인들이 가장 숭배하는 스님입니다. 원효스님도 여러 마을을 돌아다니면서 표주박을 목탁 대신 두들기며 나무아미타불을 줄기차게 불렀습니다. 의상대사도 마찬가지고, 그 뒤의 나옹스님이나 보조스님이나 서산대사나 모두 나무아미타불을 장도하신 분들입니다.

서산대사는 『선가귀감(禪家龜鑑)』에서 "마음을 곧 부처님 경계에 두고[心卽緣佛境界] 간절히 생각하는 것을 잊지 말고[憶持不忘] 입으로는 부처님 이름 나무아미타불을 부르되[口則稱名佛號] 분명히 불러서 조금도 혼란스러움이 없게 하여[分明不亂] 부처님을 생각하는 마음과 입으로 소리를 낸 나무아미타불이 상응하게 하여[如是心口相應] 한 번 나무아미타불을 부르면 능히 없애리니[一念一聲則能滅] 80억겁 동안 우리가 지은 죄를 멸하고[八十億劫生死之罪] 80억겁의 무한한 공덕을 성취한다[成就八十億劫殊勝功德]"고 했습니다. 나무아미타불 생각과 소리 한 번에 80억겁의 죄가 없어지고 거기에 더해 80억겁의 공덕을 성취한다는 것입니다.

그렇다고 지금까지 여러 명호를 가지고 염불을 하시던 분들이 억지로 바꿔서 부르셔야 하는 것은 아닙니다. 어차피 무어라고 불러도 그 자리가 그 자리입니다. 그러나 이제 새로 염불을 하실 분들은 법문을 통해 부처님께서 가장 많이 말씀하셨고, 한국의 도인들도 가장 많이 말씀하셨고, 개념상 의미도 큰 나무아미타불을 부르는 것이 좋습니다. 관세음보살이나 지장보살이나 문수보살이나 다 그 속에 포함되어 있습니다.

그런데 가만히 보면 똑똑하고 재주 있는 사람들은 꼭 자기 식이라는 걸 만들어서 그렇게만 하려고 합니다. 그냥 부처님 식대로 하고 정통 있는 도인들 식대로 하면 훨씬 쉬울 것인데 굳이 자기 식대로 새로운 것을 만들고 고집합니다.

화두공안(話頭公案)이 나온 것도 그런 이유입니다. 북송의 대혜종고 스님이 나올 때까지는 화두공안이라는 말이 없었습니다. 그런데 그 스님이 재주가 출중하다 보니 참선을 할 때는 꼭 화두공안을 들어야 한다는 규칙을 만들어 체계를 세워놓습니다. 그리고 화두공안이 중국에서 상당한 세력을 떨치면서 참선을 할 때는 꼭 화두공안을 들어야만 한다는 고집을 부립니다.

부처님께서 하신 말씀도 아니고, 그 후에 임제나 백장 같은 스님들께서 하신 말씀도 아닌데 그 법칙에 연연해서 스스로를 옭아맵니다. 우리는 그런 말에 일일이 현혹될 필요 없이 일심으로 나무아미타불을 외우면 됩니다.

한 분이 그렇게 하고, 집안 식구도 모두 다 합심하여 아미타불, 하나의 부처님 명호로 부르십시오. 명호의 통일이 중요합니다. 기독교를 믿는 집을 보면 하나님만 부르지 다른 님을 부를 일이 없습니다. 지금 기독교를 20억 수가 믿고 있는데, 그게 다 신앙이 단순하고 소박해서 그렇습니다. 불교는 그 하나의 자리를 가리키는 데도 이름이 너무나 다양해서 복잡하니까 어렵게 생각합니다.

  아미타불은 내 마음의 근본 생명인 동시에 바로 우주의 생명인 것이고, 우리가 종당에 필경에 돌아갈 고향인 극락세계의 교주입니다. 그러니 우리는 이런저런 다른 이름보다도 나무아미타불! 아미타불로 통일해서 나아가야 합니다.

부처님의 명호를 외는 생활

나무아미타불을 항상 외야 합니다.
운전을 할 때도 밥을 먹을 때도 화장실을 갈 때도
어느 때나 중단되지 않도록 해야 합니다.
그렇게 되어야 불념이념(不念而念)이라
구태여 생각하지 않는다고 하더라도 그 염불이 그대로 지속됩니다

십념왕생(十念往生)이라는 말이 있습니다. 우리가 살아 있을 때 수많은 업장을 지었다고 해도 죽을 때 간절한 마음으로 나무아미타불을 열 번만 부르면 극락세계에 태어난다는 뜻입니다.

우리 마음은 본래 부처이고 불성입니다. 그렇기 때문에 정말 진실한 마음으로 간절히 부처님 명호를 외면 그 순간에 우리 마음은 비약(飛躍)이 됩니다.

마음은 분명 모양도 없고 이름도 없지만, 눈에 보이지 않는다고 해서 마음이 없다고 생각하는 사람은 없습니다. 부처님 역시 마찬가지

입니다. 석가모니 부처님은 사람들 눈에 보이라고 모양을 나투신 것이지, 참다운 부처님은 법신불, 이른바 불성인데 그 부처님은 모양도 없고 이름도 없습니다.

사람들을 김아무개다 박아무개다 이렇게 구별하는 것은 마음을 잘 몰라서 그렇습니다. 김아무개에게 있는 마음이나 박아무개에게 있는 마음이나 원래 똑같이 모양이 없는 것이고, 그 마음은 법신 부처님 불성과 똑같이 우주에 가득 차 있습니다. 그래서 우리 마음은 부처와 똑같은 것입니다.

어느 누구의 마음이든지 우주에 충만해 있고, 동시에 그것이 바로 불성이기 때문에 수많은 공덕을 갖추고 있습니다. 누구의 마음이든지 자비도 있고 지혜도 있고, 폐병이나 나병의 균을 이길 수 있는 힘도 다 갖추고 있습니다.

수많은 공덕을 가지고 있는 것이 우리 마음이고 불성이고 부처인데, 하물며 돈을 좀 버는 것이나 높은 지위를 얻는 일 같은 것은 문제될 것이 없습니다. 우리 마음이라는 것이 만능의 자리이기 때문에 건강이나 재주나 운수나 그런 것은 사실 큰문제가 아닙니다. 마음만 먹으면 못할 일이 없다는 것은 누구나 다 아는 이야기입니다. 그러나 눈에 보이는 재물이나 명예나 지위를 얻는 것에 집착해서 마음을 잘못 쓰면 그때는 정작 우리가 정말로 가야 될 고향 길을 더디 가게 되고, 업만 짓는 일에 생명을 낭비하는 것입니다.

  금생에서도 먹고 살아야 하니 재물도 있어야 하고 명예도 추구하게 되지만, 그렇다 하더라도 기본적인 마음 자세는 항시 부처님 가르침대로, 성자의 가르침대로 따라야 합니다. 그렇게 하다가 결정적인 단계에 이르러서는 모두가 다 부처님 가르침만 따르는 쪽으로 방향을 돌려야 합니다. 참 생명으로 가는 길을 전적으로 따라야 합니다.

  그래서 최상의 개념인 나무아미타불을 항상 외야 합니다. 운전을 할 때도 밥을 먹을 때도 화장실을 갈 때도, 어느 때나 중단되지 않도록 해야 합니다. 그렇게 되어야 불념이념(不念而念)이라, 구태여 생각하지 않는다고 하더라도 그 염불이 그대로 지속됩니다. 그래야 염불소리에 이끌려서 온 신장(神將)들이 한시도 나를 떠나지 않고 지킵니다. 어느 순간에 사고를 당할지 모르는 것이 세상인데, 항상 속으로 염불을 하고 있으면 그 염불소리 때문에 액운(厄運)을 피할 수 있습니다.

  가장 쉬운 『몽수경(夢授經)』에도 천라신지라신(天羅神地羅神)이라는 내용이 있습니다. 우리가 염불을 하면 이 공간에 있는 신이나 땅에 있는 신들이 우리를 못 떠난다는 말입니다.

  우리가 금생에 염불을 많이 하고 극락세계에 갈 때는 아미타불과 그 보살들이 우리를 마중 나옵니다[聖衆來迎].

따라서 부처님 명호를 외는 생활이라는 것은 자식에게나 부모에게나 일가친척에게나 친구에게나, 어느 누구한테나 가장 좋은 선물이 됩니다. 아미타불은 나한테만 있는 것이 아니라 내 주인공인 동시에 너의 주인공이 되는 것이고, 또는 우주의 주인공이고, 우리가 돌아가야 할 우리 극락세계의 주인공입니다.

나무아미타불을 정말로 빠짐없이 또는 끊임없이 하시기 바랍니다. 신앙이라는 것은 간단한 가운데 지속시키는 끈기로 해서 마음을 하나로 통일시키는 것이 중요합니다. 마음이 산란하기 때문에 우리가 본래 주인공을 체험하지 못하는 것인데, 화두나 염불공부를 통해 우리 마음이 일념이 되면 그때는 삼매에 들어갑니다.

삼매라는 것은 우리의 산란한 마음을 다잡아서 우리 마음을 오로지 하나의 경계에 머무르게 하는 것입니다. 삼매에 들어가야 본래면목 자리를 체험할 수 있습니다. 삼매에 못 들어가면 말로만 제법 아는 소리를 하는 데 그치게 됩니다. 본래면목 자리를 체험하기 위해서는 꼭 삼매에 들어야 하고, 삼매에 들기 위해서는 화두면 화두, 염불이면 염불, 주문이면 주문으로 하여 오로지 일념으로 외워야 합니다. 그렇게 해야 우리 본래 불성 자리를 체험할 수 있는 것입니다.

끊어짐 없이 염불을 하면 금생에도 행복하지만, 그 염불공덕이 금생의 인연이 다하면 그냥 없어지는 것이 아닙니다. 그러면 죽고 난

다음에는 어떻게 될 것인지 알아야 합니다. 훤히 우리 갈 길을 알아야 됩니다.

우리가 가야 할 길은 극락세계입니다. 훤한 극락세계, 바로 광명세계(光明世界)입니다. 빛으로 빛나는 세계입니다. 우주라는 것은 지금도 부처님의 광명으로 가득 차 있지만 사람들이 '나'라는 것에 얽매여 자기 몸에 집착하고 자기 생각에 집착하고 있기 때문에 보이지 않는 것입니다.

아미타불은 극락세계의 교주이기도 합니다. 극락세계의 교주이자 전우주의 교주이고 동시에 우리 마음의 주인공이기도 합니다. 모든 것이 하나의 진여불성 자리입니다. 우리 마음의 본 주인공이나 극락세계의 교주나 전 우주의 주인공 자리나, 모두 똑같습니다.

진여불성 자리는 물질이 아니기 때문에 공간성이나 시간성이 없습니다. 다 하나의 진리입니다. 우리는 일정한 모양이 있어야 그것이 크다거나 작다거나 예쁘다 밉다 하는 것입니다. 우리 마음은 일정한 모양이 없어 눈에 보이지 않지만 그렇다고 마음이 없다고 하지는 않습니다. 부처님 법신 자리도 마찬가지입니다. 모양은 없지만 우주에 어느 때나, 과거나 현재나 미래나 충만해 있습니다. 우주라는 것은 신비로 가득 차 있습니다. 사람의 눈으로 보이지 않는다고 부정할 수 있는 것이 아닙니다.

생활에서 아미타불을 찾는 소리가 끊이지 않게 하여, 원래 우리 마음이 갖추고 있는 행복을 빠짐없이 수용하시기를 간절히 빌어 마지않습니다.

자성의 본질

자성 · 불성을 깨닫는 것은, 사실은 가장 쉬운 것입니다.
가장 쉬운 것을 잘못 배우고 잘못 느끼고
습관을 잘못 들여 어렵게 느껴지는 것뿐입니다.
자성이 우리를 남겨 놓고 어디로 도망가는 것이 아니고,
자성은 어느 한순간도 우리를 떠난 적이 없습니다.

부처님 법문 가운데 『화엄경(華嚴經)』 문수보살품에 "신시보장제일법(信是寶藏第一法)"이라는 법문이 있습니다. 바른 믿음은 이 세상에서 가장 훌륭한 보배라는 뜻입니다.

우리는 바른 믿음이 부족하고 바른 지혜가 부족하기 때문에, 행동도 바르게 나아갈 수가 없습니다. 무지를 극복하고 바르게 믿어야 행동도 거기에 따라 순수하고 거룩하게 됩니다.

자기 자신의 근본 성품을 알고 있다고 자부하는 사람들도 있지만, 그런 사람들도 대부분 잘못 알고 있습니다. 기본적으로 교양이 있고

많은 수행을 했다 하더라도, 인간성의 순수한 성품을 깨닫지 못하는 것이 범부 중생의 일반적인 모습입니다. 자기의 근본 성품, 즉 자성(自性)은 성자가 되어야 비로소 알 수 있는 것입니다.

자성은 우리 인간성의 본래면목, 자성청정심, 인간성의 순수한 자리입니다. 자성은 금생에만 살아 있는 것이 아니라, 과거세나 현재나 미래에도 영원히 존재합니다. 그렇기에 자성은 불생불멸(不生不滅)이라, 나지도 않고 죽지도 않습니다. 무시이래(無始以來)라, 과거에 시작함이 없기 때문에 비롯함이 없습니다. 무시무종(無始無終)이라, 시작도 끝도 없습니다. 이것이 바로 자성의 본질입니다.

그러면 자성은 인간에게는 인간성의 본질이요 본래면목이지만, 다른 동물이나 일반 무생물들은 어떨지 의문을 품는 분들이 있습니다. 인간성의 본질인 자성은 사람뿐만 아니라 다른 동물이나 무생물을 비롯한 모든 존재의 본질인 동시에 실상입니다. 그러므로 우리 인간에게 있어서 가장 절실한 것은 자성을 깨닫는 것입니다. 자성을 깨달으면 성자고, 깨닫지 못하면 범부 중생입니다.

자성이 이와 같이 소중하고 우리가 반드시 깨달아야 할 도리라고 하더라도, 일반 사람들은 너무나 어려운 길이라고 생각을 합니다. 성인들이야 업장이 가볍거나 업장을 소멸시킨 분들이고, 수많은 전생을 거치며 많이 수행을 해서 금생에 성인이 된 것이지, 나 같은 사람이야 그렇게 될 수 없을 거라고 미리 포기합니다.

그러나 우리 인간성의 본래 자리인 자성·불성을 깨닫는 것은, 사실은 가장 쉬운 것입니다. 가장 쉬운 것을 잘못 배우고 잘못 느끼고 습관을 잘못 들여 어렵게 느껴지는 것뿐입니다. 자성이 우리를 남겨놓고 어디로 도망가는 것이 아니고, 자성은 어느 한순간도 우리를 떠난 적이 없습니다. 우리 인간에 있어서 가장 근원적인 생명 자체가 바로 자성이고 불성이기 때문에, 가장 우선적으로 우리가 되찾고 깨달아야 할 것이 불성인 동시에 자성입니다.

지장보살·나무아미타불·대세지보살 등, 수많은 보살님들의 이름도 많고 부처님 명호도 많습니다. 우리가 내내 불러대는 그 보살님들이나 부처님 명호의 실상이 바로 우리 자성인 동시에 우주의 본성입니다. 그런데 우리는 자성을 너무 소홀하게 생각합니다. 지금 내 안에 있는 것이기 때문에 소홀히 하는 것입니다.

조주스님 같은 분은 사람들이 자성을 추구하며 공부하는 것을 보고 "소를 탄 사람이 소를 찾고 있는 격"이라고 말했습니다. 우리 본성이 자성입니다. 불성이나 자성이나 우리를 떠나 있는 것이 아닌데, 중생들은 잘못 알고 불성이나 본래면목은 내 안이 아니라, 저 멀리 어딘가 먼 곳에 있다고 생각합니다. 자성이 저 피안이나 하늘에 있다고 생각하고, 멀리 구하고 있습니다. 그러나 사실은 자성이 바로 불성이고 법성이며, 또 그 자리는 바로 생명 자체기 때문에, 그 자리는 내 생명인 동시에 우주 생명입니다.

따라서 우리에게 중요한 일은 밥 먹고 결혼하는 것보다 먼저 진리를 구하는 일입니다. 자성을 공부하면 일상생활도 보다 더 효과적으로 승화·장엄시킬 수 있습니다. 여러 불경에도 나와 있듯이 자성이 내 성품이고 우주의 성품이고 도리기 때문에, 자성을 구하는 것이 무엇보다도 중요하고 요긴한 일입니다.

자성·불성이라 하는 것은 이른바 만공덕의 자리입니다. 지혜로 보나 능력으로 보나 행복으로 보나, 어떤 자리보다 완벽한 것이 자성·불성 자리입니다. 따라서 우리가 근본 성품을 향해 한걸음씩 나아갈수록 더 행복해지고 더 지혜로워지고 건강도 훨씬 좋아지게 되는 것입니다.

부처님 가르침에서 가장 중요한 것은 오직 우주가 하나의 생명이라는 것입니다. 하나의 생명이 아닌, 즉 일원적(一元的)인 것이 아닌 이원적·삼원적인 말들은 모두가 진리가 아닙니다. 일원적인 진리를 알게 되면 우리 인생의 모든 문제가 마치 홍로일점설(紅爐一點雪)처럼, 뜨거운 화로에 들어간 눈이 금세 녹아버리는 것처럼 녹아서 사라집니다.

우주가 오직 하나의 생명인 것이고, 하나의 생명은 만덕(萬德)을 갖춘 자리입니다. 부처님이나 불교에 대해 아는 것 하나 없다고 해도 불성·자성은 물듦이 없습니다. 도리어 학문을 많이 알고 이것저것 따지게 되면 자성을 성취하는 것에 더 소홀해지고 자성으로부터 더 멀어지게 되는 것입니다.

우리는 무명심(無明心)을, 무지한 마음을 떠나야 합니다. 학문을 많이 알지 못한다고 해서 무지한 것이 아닙니다. 아무리 지식이 많더라도 일원적인 우주의 생명, 내 생명의 본체를 모르면 무지한 것입니다. 무지·무명은 자신의 행복이나 주변 사람들의 행복을 위해서도 아무런 도움이 되지 못합니다.

자기가 아는 것만 고집하면, 무명 때문에 또다시 윤회의 길로 들어갑니다. 개나 소나 돼지나 그런 것도 본질적으로는 사람과 다른 것이 아닙니다. 그저 전생에 지은 업의 차이 때문에 잠시 개의 명을 받고 소의 명을 받는 것이지 그 근본은 사람과 다르지 않습니다. 지옥 중생도 마찬가지입니다. 그들도 다생(多生)에 지은 업장만 녹이면 또 구제받을 수 있습니다.

우주가 하나의 생명이라고 생각하면 너와 내가 본래 둘이 아니고, 성품으로 본다면 모두가 하나입니다. 우리가 모두 하나의 자리인 것을 안다면, 자기 이익을 위해서 남을 소홀히 대하는 이기심을 가질 수가 없습니다. 따라서 우리에게 가장 중요한 문제는 우주의 도리대로 살아야 한다는 것입니다.

　우리가 우러러보는 성인들은 우리와 크게 다른 사람들이 아닙니다. 성인들은 단지 우주의 도리 그대로 사는 분들입니다. 그리고 그 우주의 도리란 자성·불성을 떠나지 않고, 자성·불성의 도리대로 움직이는 것입니다.

부처님 명호를 외자

부처님 명호를 외는 것이 가장 쉽고 확실한 성불의 길입니다.
우리가 본래 부처기 때문입니다.
꼭 부처님 명호를 놓치지 마시고, 자나 깨나 앉으나 서나, 잊지 말고 외우십시오.

　　　　　　　　우리 인간 세상의 불행의 뿌리를 뽑을 수 있는 길은 오직 진리에 따르는 길입니다. 우리가 진리를 따르지 않으면 몇천 년 몇만 년이 흘러도 불행은 끝나지 않습니다.

　마음이 산란하다거나 머리가 아픈 것은 모두 우리 마음의 불안 때문에 옵니다. 몸뚱이는 마음의 명령에 따르는 것입니다. 마음이 긴장되면 소화도 되지 않고 화장실에서 볼일도 잘 보지 못합니다. 불안하면 속도 쓰리고 일이 뜻대로 풀리지 않으면 머리도 아픕니다. 이렇듯 우리 마음은 순간순간 우리 몸에 반응을 일으키는 것입니다. 우리 생명의 주인은 마음이고, 몸뚱이는 생명에 입혀지는 옷이나 같은 것입니다.

부처님께서는 우리 마음의 자성을 깨닫는 방법을 여러 가지로 말씀하셨습니다. 자성을 깨닫는 것은 절대로 어려운 것이 아닙니다.

그러면 자성을 깨닫기 위해서는 어떤 방법이 가장 쉬운 방법인가. 부처님의 가르침 중에는 난행문(難行門)과 이행문(易行門), 즉 쉬운 문과 어려운 문이 있습니다.

부처님 명호를 외우는 것이 우리 자성을 깨닫는 제일 쉽고 확실한 방법입니다. 어째서 제일 쉽고 확실한 방법이냐 하면, 우리가 본래 부처기 때문입니다. 우리가 본래 부처기 때문에, 부처님의 명호는 곧 본래 자기의 참이름입니다. 우리가 본래 부처기 때문에, 부처님 자리가 바로 자기 자리입니다.

우리 중생들은 금생에 나와서 잘못 배우고 잘못 익힌 버릇이 너무 많습니다. 그런 버릇은 갑자기 깨기가 어렵습니다. 이 깨기 어려운 버릇을 중생이 깨기 위한 방법으로, 부처님 명호를 외우는 것이 제일 쉽습니다.

우리의 옛날 할머니나 부모님들은 습관처럼 나무아미타불 관세음보살을 외웠습니다. 이렇게 부처님 명호를 외는 것은 너무 쉽기 때문에 별것 아닌 것 같지만, 부처님의 명호를 부르는 것은 바로 부처님 그 자체, 진리의 당체(當體)를 부르는 것입니다.

따라서 부처님의 명호를 부르는 동안 자기의 마음이 정화되고, 자기의 마음이 정화되면 또 우주도 정화됩니다. 우주와 내가 둘이 아니기 때문에 내가 정화되면 우주가 정화되고, 우주가 정화되면 나 스스로도 또 그만큼 정화를 받는 것입니다. 우리 행동 하나하나가 다 우주와 더불어서 상관관계가 있습니다.

금생에 익힌 나쁜 습관을 버리고 부처님한테로 가는 제일 쉬운 방법은 부처님 명호를 외우는 것입니다. 그런데 잘못된 버릇이 깊어 그것을 깨기가 어렵기 때문에, 부처님 공부도 그만큼 지속적으로 열심히 해야 합니다. 지속적으로 공부하면 효험이 커지고 공덕이 축적되는 것입니다.

우리 마음은 공덕의 창고와 같습니다. 자비나 지혜나 능력이나 행복이나, 이런 것들이 모두 우리 마음 가운데 온전히 들어 있습니다. 석가모니가 느끼는 공덕이나 지혜, 또는 공자가 갖고 있는 공덕이나 지혜가 우리 중생들에게도 빠짐없이 다 들어 있습니다. 그런데 다만 개발을 못하고 있을 뿐입니다.

성자가 되는 것은 절대로 어려운 것은 아닙니다. 내가 본래 가지고 있는 불성이니까, 내 참 자성을 가리고 있는 나쁜 버릇만 거둬내면 됩니다. 조금 거둬내면 조금 거둬낸 만큼 행복해지고, 많이 거둬내면 많이 거둬낸 만큼 훨씬 더 풍족한 행복을 느낄 수 있는 것입니다.

염불에 일념이 되면 나무아미타불이나 관세음보살이나 지장보살이나 문수보살을 부르는 것이 차이가 없습니다. 부처님 이름은 다 신통한 것인데, 이른바 부처님의 총대명사가 나무아미타불입니다. 따라서 한 번 부르면 부른 만큼 우리에게 행복이 옵니다. 부처님께서 직접 지으신 부처님 명호는 우주의 생명을 다 담고 있습니다. 나무아미타불이라고 하면 우주 생명과 상통이 되는 것입니다. 그렇기 때문에 명호부사의(名號不思議)라고 합니다. 부처님의 이름 자체가 불가사의합니다.

그 불가사의한 이름을 순수하게 하루 종일 왼다고 하면, 하루 종일 염불만 한다고 하면 얼마나 큰 공덕이 있겠습니까. 공부를 많이 하고 도인들의 말을 잘 따르는 큰스님들조차도 하루에 나무아미타불 5만 송(頌), 10만 송씩 합니다.

우리한테 무슨 병이 있다고 생각할 때, 그 병은 우리 무지에서 나온 것이 대부분입니다. 우리 버릇에서 나온 것이 대부분입니다. 따라서 부처님 명호를 외워 마음이 하나로 모아지면 웬만한 병은 다 물러갑니다.

이렇게 말하면 어떤 분들은 자기 스스로 무던히도 깊은 신앙심을 갖고 있는데 어째서 이렇게 공덕이 오지 않는 것인지 의심하기도 합니다. 깊은 신앙심을 갖고 있는데 공덕이 오지 않는 것은 과거세에 지은 업이 있어서 그렇습니다. 그런 분들은 염불을 한 번씩 할 때마다 과거세에 지은 업이 상쇄됩니다. 과거의 업이 가벼운 분들은 금생에 공부를 조금 덜 성실하게 하더라도 더 빨리 마음이 좋아집니다.

한순간이라도 부처님 이름을 놓지 않기 위해서는 잠도 덜 자는 것이 좋습니다. 잠은 생명을 좀먹는 망상입니다. 자는 동안은 결국 죽는 것이나 마찬가지입니다. 가급적이면 잠을 적게 자고, 부처님 명호를 순간도 잊지 말고 외우십시오. 잠을 적게 잔다고 해도 우리 마음에 신심이 사무치면 절대로 건강에 해롭지 않습니다.

음식도 함부로 먹으면 안됩니다. 음식은 하나의 물질이기 때문에 우리 몸에 들어오면 어느 정도까지는 영양이 되고 생명을 지속시켜 줍니다. 그러나 조금만 지나치면 소화도 잘 되지 않을 뿐만 아니라, 공부에도 대단한 해를 주는 것입니다. 따라서 음식을 함부로 먹지 말고, 특히 할 수만 있다면 육식을 꼭 금절(禁絶)해야 합니다.

생명이 하나라고 생각할 때는 금생에 사람들이 먹고 있는 개고기나 소고기나 닭고기나, 모두가 다 하나의 생명입니다. 개고기나 닭고기나 소고기를 먹는다는 것은 결국 숱한 윤회를 거쳐서 자기와 똑같은 형제, 더러는 자기 친구의 고기를 먹는 일입니다. 그러니 육식 많이 하면 피가 오염됩니다. 피가 오염되면 몹쓸 병도 많이 생깁니다.

소승계율(小乘戒律)에서는 조건부로 육식을 금지했지만, 대승경에서는 일체 육식을 다 금지했습니다. 소승에서 더러 고기를 먹기도 하는 것도 부처님이 육식을 용인해서 그런 것이 아닙니다. 소승경에서는 중생들의 근기(根機)가 약하니까 지금까지 고기 먹던 버릇을 갑자기 끊으라고 하면 너무 힘들어할 것 같아 삼정육(三淨肉)이나 구정육(九淨肉)같은 조건을 달아 육식을 허용한 것입니다.

이에 비해 대승경에서는 훨씬 더 근기가 수승하기 때문에 육식을 더욱 엄격히 금지했습니다. 법화경이나 화엄경도 다 육식을 금했으니, 우리 중생은 부처님 말씀을 그대로 믿고 따라야 불교를 믿는다고 할 수 있는 일입니다.

따라서 잠도 적게 자고 육식은 끊으면서 부처님의 명호를 외워야 합니다. 부처님의 명호는 빛의 명호이고 행복의 명호이고 자비의 명호이고 사랑의 명호입니다. 우주 생명의 대명사, 그것이 바로 나무아미타불 관세음보살입니다.

염불을 하면 몸도 가벼워지고 평소에 들지 못하는 신묘한 우주의 소리[天上妙音]도 다 듣게 됩니다. 또 더러는 우리가 평소에 보지 못하는 신선한 광명도 볼 수가 있습니다. 우주의 순수한 생명은 바로 빛이고, 모든 존재는 궁극적으로는 하나의 빛입니다. 하나의 빛이기 때문에 부처님 명호도 모두가 다 빛에 관한 이름입니다. 나무아미타불이란 것에는 무량광불(無量光佛)이라, 한도 끝도 없이 우주에 가득 차 있는 하나의 생명의 광명입니다.

염불을 단 며칠만 하면 억지로 하려고 하지 않아도 저절로 염불이 됩니다. 그러면서 공부가 익어지면 영원의 에너지, 영원한 생명의 광명 가운데서 환희심 넘치는 공부가 저절로 이루어지는 것입니다.

밥을 먹을 때도 속으로는 염불을 하십시오. 염불은 소리를 내나 안 내나 다 좋으니 그때그때 상황 따라 염불해서 금생에 꼭 성자가 되고 부처가 되십시오. 그렇게 하셔서 확실하고 쉬운 염불로 우리 생명이 돌아가야 할 본래의 그 자리를 꼭 닦아서 깨달으시기 바랍니다. 이렇게 해서 제일 쉽고 확실한 공부를, 그러나 끊임없이 해야 합니다.

부처님 명호를 외는 것이 가장 쉽고 확실한 성불의 길입니다. 꼭 부처님 명호를 놓치지 마시고, 자나 깨나 앉으나 서나, 잊지 말고 외우십시오.

심즉시불心卽是佛이라.
마음이 바로 부처라는 말을 합니다.
보리방편문은 불교의 대요大要인
심즉시불을 설파한 법문입니다.
우리 마음의 저변은
무한대로 우주를 감싸 있습니다.

2

보리 방편문

참 삶을 사는 길

스스로 명확하게 인생관을 정립하지 않으면
자기도 바로 살기 어렵고, 가정도 제대로 못 다스리고
자녀나 학생들도 똑바로 교육할 수가 없습니다.

흔히 중국의 춘추전국(春秋戰國) 시대를 복잡하고 혼란한 시대의 대명사라고 생각합니다. 그러나 춘추전국 시대보다 더 혼란스러운 시대가 있습니다. 바로 현대입니다. 춘추전국 시대에는 제자백가(諸子百家)들이 각기 자기 목소리를 높였지만, 그것도 특출하게 두드러진 사람들에 한정된 이야기일 뿐이고, 일반 서민들은 자기 나름대로 단순한 생활을 했습니다.

그러나 현대는 종교만 두고 보더라도 수많은 종파가 존재합니다. 춘추전국 시대는 비교할 바가 아닙니다. 각종 사이비 종교에 신흥 종교까지 하면 몇백 가지는 거뜬히 넘어갑니다.

　같은 불교 내에도 날이 가면 갈수록 분파가 많이 생깁니다. 그 분파라는 것도 대의명분이나 교리의 차이 때문에 생기는 것이 아니라, 이권이나 그때그때의 정리라든지 하는 동기로 생기고 있습니다.

　신앙이라는 것은 하나의 신념체계인데, 신념체계에 변동이 있다고 생각하면 이것 역시 우리가 살고 있는 이 세상의 혼란스러움을 가중시키는 일입니다.

　따라서 이러한 때는 '어떠한 진리가 가장 옳을 것인가', '어떻게 해야 종합적으로 모든 것을 다 수렴해서 하나의 진리를 내세울 수 있을 것인가' 하는 문제를 굉장히 중요하게 생각해야 합니다.

　내가 어렸을 때는 사상가(思想家)라고 하면 우리와는 다른 세계에 살고 있는, 굉장히 차원이 높고 위대한 분들로 생각했습니다. 시골이라고 하면 사상가라고 불릴만한 사람이 한 면(面)에 한두 사람이 있을까 말까 했었습니다.

　그런데 현대는 거의 온 국민이 사상가가 되어가고 있습니다. 요즘은 중학생 정도만 돼도 하나하나 다 제각각의 생각을 품고 논쟁을 합니다.

　이렇게 혼란스러운 시기일수록, 모두가 나름대로 철인(哲人)이 되어 예지(叡智)를 키워나가야 합니다. 철인이 되지 않고서는 바른 인생관을 세워서 삶을 헤쳐 나갈 수가 없습니다. 스스로 명확하게 인생관을 정립하지 않으면 자기도 바로 살기 어렵고, 가정도 제대로 못 다스리고, 자녀나 학생들도 똑바로 교육할 수가 없습니다.

예지는 상대적이고 어중된 지식이 아니라, 참다운 성자(聖者)가 우리한테 가르쳐주는, 인생의 등불로 삼을 수 있는 참다운 지혜입니다. 예지를 꼭 잡아야 자기도 똑바로 살고, 우리 민족도 올바른 활로를 개척할 수 있으리라 생각합니다. 그래서 이 혼란스러운 시기를 잘 살아내기 위한 방법, 즉 수행론(修行論)에 대해 말해보려 합니다.

모두가 다 마음이라

불교를 심종(心宗)이라고 합니다.
모든 것을 마음에 달렸다고 보는 것으로
일체유심조(一切唯心造)라고 표현할 수 있습니다.

출가 수행자는 수행론에 대해 재가 불자님들보다 훨씬 더 깊은 관심을 두지 않을 수가 없습니다. 왜냐하면 몇십 년 또는 평생 동안 수행론하고 씨름을 하다 마는 경우가 많기 때문입니다. 아무리 오랜 시간 수행을 해도 수행론이 자기 마음에 안 맞거나 적성에 안 맞으면 결국 노이무공(勞而無功)입니다. 헛된 수고만 하고 성과가 없다는 것입니다.

이런 것이 비단 출가 수행자에게 해당되는 것만은 아닙니다. 재가 수행자라 하더라도 사업도 운영하고 애들도 가르치고 하는 와중에 공부를 해야 합니다. 재가 수행자도 마찬가지로 수행론이 자기 적성에 안 맞으면 역시 싫증이 나서 오랫동안 수행을 못합니다.

이렇듯 중요한 수행론에 들어가기 전에, 먼저 불교에서는 인간성 문제를 어떻게 보고 있는지에 대한 이해가 필요합니다.

불교를 심종(心宗)이라고 합니다. 모든 것을 마음에 달렸다고 보는 것으로, 일체유심조(一切唯心造)라고 표현할 수 있습니다.

유물론(唯物論)이냐 유심론(唯心論)이냐 하는 문제는 인간의 역사상 오랫동안 논쟁의 대상이 되어 왔습니다. 지금까지도 이 문제는 결론이 나지 않았습니다.

마르크스주의나 북한의 주체사상 같은 것은 유물론을 기초로 성립된 것입니다. 유물론이란 인간성이 물질, 즉 몸뚱이의 반사(反射)에 불과하다는 것입니다. 따라서 유물론은 마음의 독립적인 영역이나 권위를 인정하지 않기 때문에 유물론을 가지고서는 인간의 존엄성을 내세울 수가 없습니다. 인간의 마음이라는 것이 우리 몸뚱이라는 물질의 반사에 불과하다면, 마음이 그렇게 존엄하다고 할 수가 없는 것입니다. 인간의 존엄성을 내세우려면 기본적으로 유물론 체제를 부정하지 않을 수가 없습니다.

이에 비해 불교는 유심론의 입장에 서 있습니다. 철학적인 술어로 이야기하면 구체적 유심론입니다. 『화엄경(華嚴經)』에서 말하는 일체유심조라, 모두가 다 마음으로 되어 있다는 얘깁니다.

이렇게 말하면 눈에 보이는 물질에 관심이 많은 사람들은 우선 부정하기부터 합니다. 내 몸도 물질이고, 저 들에 보이는 풀 한 포기나 날아다니는 새나, 자동차나 공장이나, 세상의 과학 문명이 다 물질로 된 것인데, 어떻게 모두가 다 마음일 것인가. 일반적인 사람들이라면 대개 다 그렇게 생각합니다. 부처님의 가르침을 믿고 오랫동안 수행을 했다 하더라도 눈에 보이는 것들이 우선 물질이기 때문에 모든 것이 오로지 마음이라는 만법유심(萬法唯心)을 쉽사리 받아들이지 못합니다.

불교를 심종이라고 표현하는 것처럼, 모두가 마음뿐이라는 것이 불교의 대전제입니다. 여기서 말하는 마음이란 '네 마음, 내 마음'이라 하는 상대적인 마음이 아닙니다. 우주의 본바탕으로서의 마음, 쉽게 말하면 성령(聖靈) 기운을 말하는 것입니다. 질료(質料)가 아닌, 공간성과 시간성과 인과율(因果律)에 얽매이지 않은, 즉 시공과 인과율을 초월하는 하나의 영체(靈體)를 가리켜서 마음이라 합니다. 그렇기 때문에 구체적 유심론이라고 하는 것입니다.

식(識)의 끄트머리

6식의 저변에는 제7식(識)인 말나식(末那識)이 있습니다. 그 7식도 끝이 아닙니다. 7식에서 보다 깊이 들어가면 8식인 아뢰야식(阿賴耶識)이 있습니다. 이것이 끝인가 하면 또 아뢰야식의 근본으로 암마라식(菴摩羅識)이 있습니다. 그리고 이 암마라식이 이른바 불교에서 말하는 불성(佛性)입니다.

『반야심경(般若心經)』에는 사람의 마음에 대해 "안이비설신의(眼耳鼻舌身意)"라고 표현합니다. 눈과 귀와 코와 혀와 몸과 의식입니다. 사람이 아닌 일반 동물도 안이비설신(眼耳鼻舌身), 즉 눈으로 보고, 귀로 듣고, 코로 냄새를 맡고, 혀로 맛을 알고, 몸으로 촉감을 느끼는 오감(五感)을 사용합니다. 그러나 우리 인간은 일반 동물에 비해 진일보해서 의(意), 즉 의식까지 사용합니다.

유물론자들이나 일반 사람들은 인간의 의식으로 인식하는 것만을 신뢰합니다. 그러나 하다못해 그 옛날 그리스의 철학자인 프로타고

라스(Protagoras, B.C 485~414년경) 같은 분은 "인간은 만물의 척도이다"라는 말을 했습니다. 사람이 어떤 사물에 대해 얻을 수 있는 모든 지식이라는 것은 인간의 주관(主觀)에 의해 제한된다는 뜻입니다.

불교에서는 인간 자체도 실존적으로 있어서 주체적으로 보고 생각하는 것이 아니라, 그저 인간 정도의 업식(業識)의 반영일 뿐이라고 봅니다. 세상에 존재하는 만물(萬物)이 마찬가지입니다. 물(物) 자체가 그대로 있어서 보이는 것이 아니라, 인간의 주관에 의해서 이것이고 저것이고 푸르고 누렇다는 것이지, 그 푸르고 누런 것이 실존적으로 있는 것이 아닙니다. 다만 인간의 인식 정도에 따라서 그렇게 보이는 것입니다.

같은 물이라도 사람이 보면 물이고, 귀신이 보면 하나의 피로 보고, 천상 인간이 보면 유리로 보고, 고기는 자기가 사는 집으로 봅니다. 그저 물일 뿐이지만, 보는 주체에 따라서 달리 봅니다. 같은 사람이라도 개개인의 수행 정도에 따라 달리 봅니다. 하나의 수학 문제라도 어린아이가 풀이하는 것과 중학생이 풀이하는 것이 차이가 있는 것과 같습니다.

이와 같이 우리가 보는 모든 물질이라는 것도, 실제로는 물(物) 자체가 있는 것이 아니라, 인간성이라고 하는 주관(主觀)에 비추어진 것일 뿐입니다. 따라서 인간성이야말로 만유(萬有)의 척도인 것이지,

물 자체가 있지가 않다는 것입니다.

그러나 대부분의 사람들은 안이비설신의(眼耳鼻舌身意)에 비춰진 것을 가지고 좋다, 궂다, 옳다, 그르다 시비분별합니다.

인간의 의식은 의(意)에서 그치지 않습니다. 그보다 더 깊은 곳에 심층의식(深層意識)인 말나식(末那識)이 있습니다. 눈, 귀, 코, 혀, 감각, 의식의 6식의 저변에는 제7식(識)인 말나식이 있습니다. 그 7식도 끝이 아닙니다. 7식에서 보다 깊이 들어가면 8식인 아뢰야식(阿賴耶識)이 있습니다. 이것이 끝인가 하면 또 아뢰야식의 근본으로 암마라식(菴摩羅識)이 있습니다. 그리고 이 암마라식이 이른바 불교에서 말하는 불성(佛性)입니다.

사람은 6식을 쓰고 동물은 5식을 쓰고 식물들은 그것보다도 못쓰지만, 그렇게 되어 있다 하더라도 불성은 모두가 다 가지고 있습니다. 사람이나 동물이나 식물이나 또는 광물이나, 이렇게 사람 눈에 보이는 것뿐만이 아니라 눈에 보이지 않는 미시적(微視的)인 세계도 모두 불성으로 되어 있습니다.

산소라든지 수소라든지, 또 더 미세하게 분석하여 소립자(素粒子)라든지 하는 모든 것들을 사람이 기계를 이용해 파괴시켜 양자(陽子)가 되고 전자(電子)가 된다 하더라도, 그것도 결국은 하나의 불성 위에서 이루어진 파동의 일종입니다. 이것은 결국은 에너지의 파동입니다. 에너지가 곧 물질이요, 물질이 곧 에너지입니다.

　에너지 보존의 법칙이라는 것이 있습니다. 물질이 파괴되면 물질이라는 형체가 사라지더라도 에너지는 그대로 남는다는 것입니다. 에너지는 영원히 없어지지 않습니다. 소립자를 파괴한다 하더라도 그 모양만 사라지는 것이지, 그 에너지는 없어지지 않습니다. 생명적 에너지는 영원합니다.

　여기에서 『반야심경(般若心經)』의 "색즉공(色卽空) 공즉색(空卽色)"을 떠올릴 수 있습니다. 색(色)은 현상계의 물질을 말합니다. 색즉공이라, 그런데 그 공(空)이 아무것도 없다는 허무(虛無) 같으면 색즉공 다음에 공즉색이라는 말이 나올 수가 없습니다. 공 그것은 아무것도 없는 공이 아닙니다. 비록 시간·공간성을 갖는 질료(質料)는 아니겠지만, 에너지가 충만하고 심심미묘(甚深微妙)한 하나의 생명입니다. 그렇기 때문에 그 공 가운데서 인연 따라서 다시 식(識)이 나오게 되는 것입니다.

　물질이 곧 에너지요, 에너지가 곧 물질이라고 하는 것이나, 불교에서 말하는 색즉공 공즉색이라고 하는 것이나 같은 뜻입니다.

　가끔 이렇게 물리학을 끌어다가 불교의 술어를 설명하면 반감을 갖는 분들이 있습니다. 부처님의 뜻은 그깟 물리학보다 훨씬 깊은 것인데 그렇게 쉽게 말할 수 있냐는 것입니다.

언어라는 것은 인간 정도의 식을 갖는 사람들끼리 정한, 극히 제한적이고 상대적인 인식범위에서의 정보전달 수단입니다. 그렇기 때문에 어떤 언어를 사용해도 정확히 다 표현할 수가 없고, 시간과 공간에 따라서, 받아들이는 사람에 따라서도 그 의미가 달라집니다. 그래서 언어라는 우상(偶像)에 사로잡히면 불교 공부를 제대로 할 수 없는 것입니다.

　따라서 불교를 물리학적 술어에 맞춰가며 이해하면 정확히 일치는 되지 않는다고 하더라도 어느 정도 맞으면 대동소이(大同小異)합니다. 보다 세밀한 것은 각자 연구하고 체계를 세워 가면 됩니다.

물질은 중생의 업력의 소치

싫어하고 좋아하고 보고 싶고 보기 싫고 사랑하고 미워하고 하는
이런 여러 가지 마음이 동력이 되어[共業力] 천체가, 우주가 구성됩니다.

금타대화상(金陀大和尙, 1898~1948)이 쓴 『우주의 본질과 형량』을 보면 에너지가 무엇인지에 대한 설명이 나와 있습니다.

우주에는 에너지가 가득 차 있습니다. 그런데 이 에너지, 즉 금진(金塵)은 가만히 있는 것이 아닙니다. 금진이 어떠한 동기로 인해 왼쪽으로 선회를 하면 하나의 양자(陽子)가 됩니다. 다시 말하면 자기(磁氣)·자력(磁力)이 나옵니다. 그리고 금진이 또 다른 동기로 인해 오른쪽으로 선회를 하면 전자(電子)가 됩니다. 다시 말하면 전기(電

氣)가 나온다는 말입니다. 이러한 학설은 금타대화상이 처음으로 세운 것입니다.

천지우주라는 것은 하나의 에너지인 것이고, 여러 가지 가능성을 갖춘 순수한 불성입니다. 불성을 달리 표현하는 말이 많지만, 금강륜(金剛輪)이나 금진(金塵)이라고도 표현합니다. 금타대화상은 금진, 즉 불성을 움직이는 동기에 대해 말을 하고, 이 동기로 인해 금진이 오른쪽이나 왼쪽으로 돌면서 물질의 근본인 수진(水塵), 화진(火塵), 즉 양성자나 전자 등을 생성시킨다고 하였습니다.

그러면 불성을 움직이는 동력은 무엇인가.

그리스의 철학자인 엠페도클레스(Empedocles, B.C 492~432년경)는 모든 물질은 흙·공기·물·불의 근원적인 네 가지 원소가 사랑과 증오로 인해 결합·분리되어 생긴다고 했습니다.

이것을 불교적으로 표현하면, 우리가 무엇을 싫어하면 그 싫어하는 마음이 동력이 되어 마음을 오른쪽으로 선회시킵니다. 우리가 무엇을 좋아하고 욕심을 내면 또 그 마음이 순수 에너지, 즉 마음을 왼쪽으로 선회시킵니다. 이렇게 마음이 선회를 하여 불교의 지수화풍(地水火風) 4대 원소가 나옵니다.

금타대화상의 법문은 하나의 천문학에 대해서 우주의 질량, 열량, 그런 것을 모두 다 수치로 표시한 것입니다. 여기에서도 가장 근원적인 것은 물질이 어떻게 해서 나왔는가 하는 문제입니다.

19세기 철학자인 뒤부아레몽(Du Bois-Reymond, 1818~1896)은 여러 가지 불가사의한 일들을 말하는 중에서도 가장 알 수 없는 것이 바로 "물질이 무엇인가"라는 문제라고 했습니다. 세계 각지의 철학자와 과학자들이 오랫동안 물질의 본질이 무엇인가, 물자체가 무엇인가에 대해 연구해왔지만, 아직까지도 물질이 무엇인지를 확실히 밝힌 사람은 없습니다. 여기에 더해 마음은 도대체 무엇인가, 그리고 또 마음과 물질은 어떤 관계성이 있는가 하는 세 가지 문제가 인간에게 가장 불가사의한 의문으로 남아 있습니다.

그러나 이러한 문제는 결국은 모든 것을 깨달은 성자(聖者)가 아니면 알 수가 없습니다. 인간의 지혜라는 것은 항상 상대적인 것에 머물러버리기 때문에, 상대성을 떠난 형이상학적인 문제는 알 수가 없습니다. 형이상학적인 것은 직관력으로, 성자의 밝은 안목으로 보지 않고서는 알 수가 없습니다. 아무리 성능이 좋은 전자현미경을 가지고 본다 하더라도, 물질의 저편에 있는 피안(彼岸)은 알 수가 없습니다. 질료가 있는 이쪽, 즉 시공간에 들어 있는 것만 알뿐이지, 시공을 떠난 것을 어떻게 알겠습니까.

따라서 우리 같은 범부중생은 성자의 가르침을 믿을 수밖에 없습니다. 그리스의 철학자나 동양의 철학자들이 이야기하는 것이 이런

저런 표현만 다를 뿐이지 뜻은 모두 상통이 됩니다.

이들도 모두 오랜 시간을 들여 연구를 했지만, 물질이 무엇인지, 마음이 무엇인지, 또 물질과 마음의 관계는 무엇인지 확실히 증명한 사람은 없습니다.

그러나 세존(世尊)이신 석가모니 부처님께서는 일찍이 증명하시고 말씀하신 바, 물질이라는 것은 중생의 업력(業力)의 소치라고 하셨을 따름입니다. 우리 중생의 업력으로 우주가 구성되는 것입니다.

불교의 우주론(宇宙論)에서는 우주가 나중에는 텅 비어버린다고 말합니다. 이와 비슷한 말을 현대의 물리학에서도 엔트로피(Entropie) 이론을 들어 표현하고 있습니다.

엔트로피는 쓸 수 없는 에너지를 말합니다. 지금과 같이 석유나 가스나 원자력 같은 에너지를 계속 사용하다 보면, 마지막에 가서는 사용할 수 없는 열에너지 찌꺼기만 남습니다.

이렇게 온갖 에너지를 다 끌어다 모두 써버리면 그때는 천지우주도 다 타버린 셈이 됩니다. 파괴돼서 텅 비어버립니다. 불교 말로 하면 괴겁(壞劫)입니다. 우주라는 것은 결국 파괴되고 마는 것입니다. 우주가 이루어지고[成劫] 우리와 같은 생물들이 태어나고 살다가[住劫] 점점 우주가 마멸되어 파괴되고[壞劫] 마침내는 텅 비어버립니다[空劫].

우주가 텅 비어버리면 질료는 모두 없어집니다. 한 톨의 원자나 소립자도 없이 모두 사라집니다. 모든 물질이 사라지고 에너지만 남습니다.

이렇게 에너지만 남으면 아무것도 없는 허무일 것인가 하면 그렇지 않습니다. 순수 생명인 에너지 그것이 바로 불성입니다. 그리고 불성 가운데는 무한한 가능성이 꽉 차 있습니다. 이른바 불성공덕(佛性功德)입니다. 불성공덕을 가장 간단히 말하면 자비로운 기운과 지혜로운 기운인데, 이들이 모두 공(空) 가운데 가득 차 있습니다. 그리고 그 가운데 플러스(+)와 마이너스(-), 즉 양기운(陽氣雲)과 음기운(陰氣雲)이 무한히 잠재되어 있습니다. 상징적으로 인격화(人格化)시키면 마이너스 기운은 자비에 해당하고, 플러스 기운은 지혜에 해당하는 것으로 볼 수 있습니다.

물리학적으로만 표현하면 모든 에너지가 바싹 말라버리겠지만 불교적으로, 생명적인 차원에서 표현하면 공(空) 가운데도 자비는 관세음보살이요, 지혜는 문수보살입니다. 공 가운데도 불성과 부처님이 가득한 것입니다.

텅 비어버린 가운데 자비로운 기운과 지혜로운 기운이 균형을 이루고 똑같이 존재하면, 그때는 마이너스 기운과 플러스 기운이 평등해서 제로(zero)가 되므로 다시 성겁(成劫)이 일어나지 않습니다. 동(動)함이 없이 조용히 있어 우주가 이루어지지 않는 것입니다. 그러나 음기운, 양기운이 차이가 생기기 때문에 거기에서 비로소 동(動)이 생깁니다. 이것을 우리 중생의 업력이라고 표현한 것입니다.

더 자세히 말해보겠습니다. 공겁(空劫)이 되어 우주가 텅 비어버리면 지금 우리같이 원소로 구성된, 물질로 구성된 몸은 존재할 수 없습니다. 다만 심식(心識)만이 존재하는 중생으로 남게 됩니다.

모든 중생이 다 천지우주의 불성과 하나가 되어 대우주와 조화가 되어버리면 중생이 다시 없을 것인데, 천지우주가 다 파괴된다 하더라도 중생 가운데는 미처 부처가 되지 못하고 심식, 즉 의식만 있는 중생이 남아 있습니다. 우주가 텅 비어버리면 우리 몸이야 모두 사라진다고 해도 의식만은 남는다는 말입니다.

의식만 있는 중생들이 텅 비어버린 우주에 남아서 무엇을 하느냐 하면, 생각을 합니다. 중생이 하는 생각을 간추려보면 결국 싫어하고 좋아한다고 하는 생각입니다. 선이나 악이나 별별 생각이 다 있겠지만, 간추려보면 전부 싫어하고 좋아하는 생각으로 모아집니다. 귀일(歸一)이 되는 것입니다.

좋아하는 생각은 끌어당기는 인력(引力)이 되는 것이고, 싫어하는 생각은 밀어내는 척력(斥力)이 됩니다. 이것이 정화가 되면 자비와 지혜가 됩니다. 그렇기 때문에 번뇌(煩惱) 즉 보리(菩提)요, 보리 즉 번뇌입니다. 우리의 근본 성품은 자비이고 지혜인 것인데, 잘못 쓰면 그것이 미움과 탐욕이 됩니다.

  그 의식만 있는 중생들의 싫어하는 생각이 모여 불성을 오른쪽으로 선회시키면 그것이 전자(電子)가 됩니다. 또 좋아하는 생각이 모여 불성을 왼쪽으로 회전시키면 양성자(陽性子)·중성자(中性子)가 됩니다. 이렇게 해서 중성자와 양성자를 핵(核)으로 해서 전자가 뱅뱅 도는 원자(原子)가 생성됩니다. 무수한 중생들의 싫어하고 좋아하고 보고 싶고 보기 싫고 사랑하고 미워하고 하는, 이런 여러 가지 마음이 동력이 되어[共業力] 천체가, 우주가 구성됩니다.

  지금 우리는 통합적인 에너지의 차원에서 보지 못하기 때문에 지구, 달, 태양, 화성, 금성같이 서로 다른 모양으로 보는 것입니다. 그러나 에너지 차원을 본다고 생각할 때는 모두가 다 불성이고, 순수 생명 에너지입니다.

옴마니반메훔, 영원한 부처님의 광명

티베트의 고승들은 옴마니반메훔을 주로 합니다.
우리 한국 불교의 종파 중에서도 진각종(眞覺宗)은 옴마니반메훔을 주로 합니다.
전통적인 불가에서도 관세음보살본심미묘진언(觀世音菩薩本心微妙眞言)이라 해서 관세음보살님의 본심의 리듬을 옴마니반메훔이라고 합니다.

우리 인간은 표면의식(表面意識)만 가지고 살고, 잠재의식(潛在意識)은 잘 사용하지 못합니다.

프로이드(Sigmund Freud, 1856~1939)나 융(Carl Gustav Jung, 1875~1961) 같은 학자들도 심층의식(深層意識), 즉 의식 저변에 있는 말나식(末那識)에 해당하는 단계는 이야기를 했습니다만, 보다 더 깊은 것은 잘 알지 못했습니다. 그들은 결국 자기들의 범부의식(凡夫意識)만 가지고 유추를 해서 보았을 뿐, 성자와 같이 훤히 트인 심안(心眼)으로 근본을 보지는 못했습니다. 범부의식 가운데서,

그런 상대적인 의식으로만 가지고 조금 깊이 보았을 뿐입니다.

프로이드나 융은 불교를 조금은 공부해서 어렴풋이 불교다운 말을 하기는 하지만 깊이는 별로 없습니다. 그래서 그들은 인간 의식의 가장 저변에 있는 제9 암마라식(菴摩羅識), 소위 부처이고 불성인 그 자리까지는 말을 할 수가 없습니다. 불성은 인간성과 우주성(宇宙性)의 본바탕을 확실히 볼 수 있는 성자만이 말할 수 있습니다.

우리는 성자와 범부의 차이를 분명히 구분해서 알아야 합니다. 범부는 우주의 근본실상을 보지 못하지만, 성자는 이렇게 우주의 근본실상을 봅니다. 실상이란 이른바 생명의 실상이고, 이것이 불성입니다. 우리가 하는 부처님 공부라는 것은 어떠한 공부든지 모두가 다 실상을, 우리의 불성을 어떻게 계발할 것인가 하는 것입니다. 그리고 그 방법에 따라 부처님의 수행법이 여러 갈래로 갈라져 있는 것입니다.

우선 옴마니반메훔(om mani padme hum, 本心微妙六字大明王眞言)이라는 것을 살펴보겠습니다.

티베트의 고승들은 옴마니반메훔을 주로 합니다. 우리 한국 불교의 종파 중에서도 진각종(眞覺宗)은 옴마니반메훔을 주로 합니다. 그리고 전통적인 불가에서도 관세음보살본심미묘진언(觀世音菩薩本心微妙眞言)이라 해서 관세음보살님의 본심의 리듬을 옴마니반메훔이라고 합니다.

옴마니반메훔 같은 진언(眞言)은 오종불번(五種不飜)이라, 함부로 번역을 할 수가 없습니다. 한 가지 표현 가운데 많은 뜻이 포함되어 있기 때문에 중생들의 제한된 말이나 문자로는 표현이 되지 않습니다. 진언은 대단히 함축적이기 때문에 거기에 부연설명을 덧붙여버리면 진언 같은 느낌이 없어지지만, 너무 짧아져버리면 몇 마디 말로 도저히 그 뜻을 표현하지 못하기 때문에 그것도 어렵습니다.

그런데도 옴마니반메훔을 구태여 번역하기 좋아하는 사람들이 있습니다. 우리 중생의 호기심이라는 것이 한도 끝도 없기 때문에 그 호기심을 풀어주고자 번역한 것도 있습니다. 그렇게 해서 나온 번역이 '영원한 부처님의 광명'입니다.

진언에는 광명이라는 뜻이 있습니다. 그래서 광명진언(光明眞言)이라고도 합니다. 우주는 불성이라는 하나의 순수 생명 에너지입니다. 우리는 이 에너지를 우주의 정령(精靈)이나 우주의 기운(氣運)으로만 생각할 것이 아니라, 하나의 심심미묘한 무한한 지혜를 갖춘 빛, 즉 생명의 광명으로도 생각할 수 있어야 합니다.

광명이나 빛이라는 관념은 매우 중요한 것입니다. 불교에서 말하는 생명의 빛은 햇빛이나 가로등 빛처럼 눈에 보이는 광명이 아니라, 적광(寂光)이나 정광(淨光)입니다. 고요하고 맑은 광명입니다. 이런 적광·정광의 개념이 우리에게는 매우 필요합니다. 왜냐하면 우리가 공부를 하다 보면 자신이 정화됨에 따라서 차근차근 광명으로 가까이 나아가기 때문입니다.

 기도를 참으로 깊이 모신 분들은 광명을 감득(感得) 못할 사람이 없습니다. 그리고 사실은 그런 광명을 감득해보아야 환희심(歡喜心)이 생겨 몸과 마음이 하늘로 치켜 올라서고 평소에 몰랐던 것이 머리에 번갯불처럼 떠오르게 됩니다.

몸의 허망함

몸은 중생의 업력기관으로, 각각의 원소가 임시로 잠시 가화합되어 있는 것입니다.
그런데 중생의 번뇌 중 가장 해결하기 어려운 번뇌가 무엇인가 하면,
지금 인연 따라 가화합된 이 몸뚱이가 소중하다는 번뇌입니다.

생명의 근본이 되는 불성은 매우 소중한 것이기 때문에, 무수한 사람들이 더러는 순교의 길을 택하고 더러는 자기 몸조차도 불살라서까지 공양을 합니다. 이것을 소신공양(燒身供養)이라고 합니다.

예수같은 분도 십자가에 못 박혀 죽지 않으려고 했으면 얼마든지 그렇게 할 수가 있었습니다. 피하려고만 했으면 얼마든지 피할 것인데, 짐짓 십자가에 올라갔습니다. 생명의 실상을 변증한 셈입니다. 사람 몸뚱이는 허망한 것이고, 사람의 진정한 몸뚱이는 마음에 있다

는 것을 변증하기 위해서 십자가에 못 박혀 죽은 것입니다.

생명의 실상을 생각할 때는 사바세계(娑婆世界)의 허망함에 대해 깊이 통감해야 하는 것입니다.

지관론(止觀論)에 보면 몸이라는 것을 중생의 업력기관(業力機關)이라고 했습니다. 우리 몸이라는 것은 중생의 업을 짓는 기관이라는 것입니다. 우리가 업을 지어 놓으면 그 업의 여러 가지 조합으로 가짜로 화합[假和合]합니다. 우리 몸도 이렇게 가짜로 화합한 것입니다. 그렇게 하여 연(緣)을 따라 무엇인가가 되어 태어납니다[從衆緣生]. 석가모니 부처님께서 보리수 밑에서 깨달음을 얻을 때도 주로 12인연법(因緣法)으로 깨달으신 것입니다.

당장 우리 인생의 전생만 생각해봐도 정확히 알 수가 없습니다. 나는 도대체 무엇이고, 내가 태어나기 전에는 무엇이었으며, 나는 도대체 어디에서 나왔는가. 이런 문제만 생각해봐도 제대로 답을 하기가 어렵습니다. 물론 나는 엄마의 뱃속에서 나왔다는 사실 하나는 알지만, 그 전에는 무엇이었는지, 어머니의 태(胎) 속에서 자라고 나오기 전까지는 내가 무엇이었는지는 잘 모릅니다.

그런데 이렇게 나의 근원을 소급해서 올라가고 올라가서 뚫고 나가면 결국은 '우주의 끝은 무엇인가'라는 질문에 도달합니다. 이렇게 생각해서 올라가면 갈수록 마음이 하나로 모아집니다. '우리의 전생이 무엇인가? 무엇인가?' 이렇게 하나의 생각을 파고 들어가면 집중력이 생긴다는 말입니다.

　마음이 하나로 모아지는 것이 대단히 중요합니다. 마음이라는 것이 산란하여 집중이 되지 않으면 항시 상대적인 의식에 머물고 마는 것인데, 마음이 하나로 딱 모이면 집중력이라는 것이 생겨서 의식으로부터 제7 말나식, 제8 아뢰야식, 제9 암마라식으로 쭉쭉 들어갑니다. 원래 우리 정신의 근본 뿌리가 불성이기 때문에 딱 한 번만 정신을 집중시키면 그 힘으로 해서 우리 마음이 차근차근 깊이 스스로 파고 들어가게 되는 것입니다.

　석가모니 부처님께서는 과거세(過去世)의 선근(善根)도 많기 때문에 훨씬 더 명상하는 힘이 강했습니다. 그런 분이 하나의 문제를 가지고 계속 생각하고 생각하니까 과거가 확 열려버렸습니다.

　도인들이 공부해서 마음이 열려올 때, 맨 처음에 얻는 신통이 바로 숙명통(宿命通)입니다. 숙명통은 과거전생을 다 아는 능력입니다. 숙명통을 얻고 나면 지금 '나'라는 존재가 어디에서 왔는지 알게 됩니다. 석가모니 부처님께서도 과거를 알고 보니 천상정토(天上淨土)인 도솔천(兜率天)에 있는 하나의 영체(靈體)에서 비롯된 것이었습니다. 우리 모두는 하나의 영체로 헤매다가 지금 자기의 어머니·아버지의 인연 파장에 걸려서 온 것입니다. 그렇게 해서 몸뚱이가 생기고, 어머니의 태 안에서 영양을 섭취해서 세상에 나왔습니다. 산소, 수소, 질소, 탄소 같은 것들이 가화합을 이루고 모여 '나'를 구성하고 있습니다.

다시 말하자면 이 몸은 중생의 업력기관으로, 뭇 인연을 따라서 생겨난 것인데 이것이 실체는 아닙니다. 각각의 원소가 임시로 잠시 가화합되어 있는 것이고, 화합돼서는 잠시도 그대로 있지 않습니다.

그런데 중생의 번뇌 중 가장 해결하기 어려운 번뇌가 무엇인가 하면, 지금 인연 따라 가화합된 이 몸뚱이가 소중하다는 번뇌입니다.

학교에서 배우는 물리학을 떠올려서 내 몸이란 무엇인지 생각해보면 금방 답이 나옵니다. 내 몸은 각 분자(分子)가 합해져서 된 것입니다. 바람기운이나 불기운이나 물기운, 흙기운 같은 각 원소의 기운이 잠시 인연 따라서 합해 있는 것이 이 몸뚱이인데, 중생들은 이 몸뚱이를 애지중지합니다. 몸뚱이는 죽고 나면 산소는 산소대로, 수소는 수소대로 다 흩어져버리고 마는 것입니다.

그러면 내가 죽고 나면 과연 무엇이 남을 것인가. 영체(靈體)가 남습니다. 그러나 이것은 눈에 보이지 않는 것이기 때문에 부정하는 사람이 많습니다. 어머니의 태 안에 생명이 생겨날 때도, 그것을 하나의 물질로만 생각하는 사람들은 들어오는 영혼은 보이지 않는 것이므로 영이 없다고 합니다. 사람은 다만 부모님의 피가 결합되어서 하나의 생명이 된 것이라고만 생각합니다.

　불교에서는 그렇게 보지 않습니다. 물질 너머를 보는 도인들의 안목으로 보면, 물질이 있는 것이 아니라 생명이 있습니다. 분명히 하나의 생명이 있는데, 이 생명이 과거에는 사람도 되었다가 짐승도 되고 했습니다. 이렇게 여러 생을 거치며 헤매다가 때마침 어떤 부모와 인연의 파장이 서로 맞으면 그때는 걸려서 태 안으로 들어온다는 말입니다. 그렇게 인연이 맞아 누군가의 자식으로 태어나 한 세상 살다가 다시 죽으면 우리 몸은 또다시 각 원소로 분해가 됩니다.

　그러나 몸은 분해가 되어도 다시 영체는 남습니다. 몸은 죽더라도 금생에 내가 어떻게 살았는가, 금생에 내 영혼이 얼마나 성숙되었는가, 금생에 내가 나쁜 짓을 얼마나 많이 했는가 하는 것은 남아 있습니다. 그리고 이러한 것, 즉 영혼의 성숙도에 따라서 죽고 난 뒤에 갈 곳이 달라집니다. 나쁜 짓을 많이 한 영혼들은 저 밑으로 뚝 떨어져서 지옥 같은 데로 갑니다.

　가끔 불교인들도 극락이니 지옥이니 아귀 같은 것이 실재하는 것이 아니라 부처님께서 무지한 중생들을 가르치느라 이야기한 비유 같은 것으로 생각하는 분들이 있는데, 절대 그렇지 않습니다. 우리 인간의 제한된 시각으로는 볼 수 없는 것뿐입니다. 지옥이라는 곳에는 분명히 지옥중생이 있는데, 이들은 영체(靈體)라서 보이지 않는 것뿐입니다. 귀신이 일반 사람들의 눈에는 보이지 않지만 분명히 있는 것처럼 말입니다.

우리가 죽은 뒤에 몸은 지수화풍(地水火風)의 4대 원소로 흩어진다 하더라도 심식(心識)은 남습니다. 의식, 말나식, 아뢰야식, 암마라식은 남습니다. 불성은 가장 본질이기 때문에 조금도 중단이 없는 것입니다.

그러나 사람들은 죽으면 흩어질 몸뚱이에 대한 애착 때문에 여러 가지 고난도 많이 받고 시비도 많이 있습니다. 자기 몸뚱이를 보배로 생각하고 아끼기 때문에 모든 죄악의 씨앗이 생깁니다[寶此我故 卽起貪瞋痴等三毒 三毒擊意 發動身口 造一切業]. 손가락에 반지를 몇 개씩 끼고 치장하는 것도 몸뚱이를 아끼기 위한 것이지 심성을 가꾸려고 하는 일은 아니지 않습니까.

몸은 물리학적으로 생각해보아도 뻔한 것입니다. 몸뚱이는 하나의 겉껍데기에 불과할 뿐, 생명의 본질이 아닙니다. 따라서 몸뚱이에 대한 애착을 못 버리면 참다운 불교인이 될 수 없는 것입니다.

고행의 의미

몸은 마음의 종에 불과한 것입니다.
몸은 소리에 따르는 메아리, 형체에 따르는 그림자에 불과합니다.
이러한 사실을 분명히 알아야만 자기 몸뚱이에 대해 집착을 버릴 수 있습니다.
그리고 몸에 지나치게 집착하지 말라는 것이 불교의 고행생활(苦行生活)입니다.

불교에서나 기독교에서나 고행(苦行)이 있습니다. 일반 사람들이야 잘 먹고 잘 자는 것이 좋고 무엇 때문에 쓸데없이 몸을 괴롭히냐고 생각하기 쉽습니다. 그러나 그것은 그저 우리 평범한 중생들의 이야기입니다. 우리는 고행이 쓸데없는 일이라고 쉽게 생각하기 전에, 왜 성자들이 괜히 그런 고생을 사서 하는지 깊이 생각해볼 필요가 있습니다.

예수님께서도 40일이나 금식기도를 했습니다. 평범한 사람들이야 밥 한 끼도 굶기 어려운 것인데, 40일 동안이나 금식을 하셨습니다.

직접 단식을 해보면 우리 몸이라는 것이 꼭 지금 우리가 먹는 만큼의 칼로리를 먹어야만 유지되는 게 아니라는 것을 알게 됩니다.

월남의 메디콩 스님이라는 분은 반체제(反體制)에 저항하던 중 정부로부터 구속당해서 옥중에서 100일 동안 단식을 했습니다. 옥중에서 물만 먹고 100일 동안 살았는데, 그것도 그냥 아무것도 하지 않고 지내는 것이 아니라 아침저녁으로 두 시간씩, 하루 네 시간 동안 염불을 했습니다. 옥중에서야 몰래 무엇을 먹을 수도 없는 일이니 거짓말이 아니겠지요.

저도 40대의 나이에 광주 동광사에 지도법사로 일주일에 두 번씩 가서 법문을 했습니다. 그렇게 몇 개월 다녔습니다. 지도법사로 가서 법문을 할 동안 보름동안 단식을 했는데, 법문에 가려고 하면 주변에서 만류를 합니다. 보름동안 단식을 하고 가서 쓰러져버리면 어떻게 하려고 그러냐고 합니다. 하지만 그런 적은 한 번도 없습니다. 제가 평소에 말더듬이였습니다만, 보름동안 단식을 하고 나서는 말 한 번 더듬지 않고 제 평생에 처음으로 말을 참 잘했습니다.

그래도 몸과 마음이 분리된 것이 아니라 하나이기 때문에 몸이 즉 마음이요, 마음이 즉 몸입니다. 몸이 건전하면 마음도 건전하고 몸이 취약하면 마음도 취약합니다. 몸은 마음을 따라서 이루어졌습니다. 눈썹 하나, 치아 하나 모두가 그렇습니다. 관상을 보는 사람들은 치아의 모습만 보고도 성품을 압니다. 따로 수행하지 않은 사람이라고 해도 머리 색깔을 보면 그 사람의 성품을 압니다. 그렇게 몸과 마음은 둘이 아닙니다.

다만 우리 생명은 우리 마음인 식(識)에 있습니다. 몸뚱이는 보조에 불과하고, 몸뚱이를 유지하고 있는 영양도 보조에 불과합니다. 모두가 단식을 하라는 말은 아닙니다. 다만 생명의 본질은 마음에 있는 것이지 육체에 있는 것이 아니라는 점을 알아야 한다는 뜻입니다.

마음은 우주의 본바탕이자 우리 인생의 본바탕이고, 몸이라는 것은 우리의 마음에 따라 50년이고 80년이고 인연 따라서 쓰이는 것입니다. 그렇기 때문에 몸뚱이를 귀하게 여겨 봉사할 필요는 없습니다. 몸을 너무 귀하게 여기면 문제가 생깁니다. 자기 몸만 귀하게 여기다 보면 남의 몸뚱이는 별것이 아닌 것 같습니다. 내 것은 다 좋아 보이니 자기 아내나 남편이나 자식의 몸뚱이도 좋다고 생각합니다. 이렇게 생각하면 인생은 그야말로 싸움의 바탕이 되고 마는 것입니다.

몸은 마음의 종에 불과한 것입니다. 몸은 소리에 따르는 메아리, 형체에 따르는 그림자에 불과합니다. 이러한 사실을 분명히 알아야만 자기 몸뚱이에 대해 집착을 버릴 수 있습니다. 그리고 몸에 지나치게 집착하지 말라는 것이 불교의 이른바 고행생활(苦行生活)입니다.

따라서 불가의 수행자는 무얼 많이 먹는 것을 좋게 생각하지 않습니다. 세상에서야 좋은 옷 걸치고 좋은 음식 먹고 다니는 사람, 즉 자기 몸을 높이는 사람이 높은 사람이지만, 불가에서는 제일 좋은 옷을 입은 사람이 제일 높은 스님이 아닙니다. 될수록 골라서 누더기를 입는 것이 더 좋습니다. 가장 못 먹고, 가장 못 입고, 가장 못 살면서도 정신적인 면으로는 최고로 생활하는 것이 출가 수행자의 본분인 것입니다.

부처님 당시에는 공덕이 높은 사람들은 네 가지 행동에 의지한다[行四依]고 했습니다. 첫째가 분소의(糞掃衣)입니다. 똥 밑씻개나 할 만한 누더기를 주어다가 깨끗이 빨아 누벼서 옷을 해 입는 것입니다. 두 번째가 수하좌(樹下座)입니다. 편안하니 집 가운데서 자지 말고 항상 나무 밑이나 돌 위에서 자라는 것입니다. 세 번째가 상걸식(常乞食)입니다. 먹을 것은 얻어서 먹고, 얻어서 먹더라도 많이 먹지 말고 주먹밥으로 하나 정도만 먹습니다. 네 번째는 부란약(腐爛藥)입니다. 병이 생겼을 때는 길거리의 소똥을 발효시켜서 만든 약만 먹으라는 것입니다. 이것이 부처님 당시 수행자의 표본입니다. 이와 같이 청빈하게 살라는 것입니다.

그러나 지금 수행자들은 그때의 사람들과 근기(根機)가 같지 않기도 하거니와 다 같이 모여서 공부할 필요가 있기 때문에 절이 생기고 했습니다. 그러나 그때의 기본 정신은 항상 마음에 두고 있어야 참 수행자로서 청빈하고 경건한 생활을 할 수 있습니다.

마음은 우주의 본체

불성을 볼 수 있는 명확한 안목이 있다면
겉으로 보이는 모습과는 상관없이 그때는 다 하나의 불성으로 보입니다.
사람이 돼도 불성은 변함이 없고, 무쇠가 돼도 불성은 변함이 없으며,
아주 더러운 똥이 된다고 해도 불성은 변함이 없습니다.

우리의 마음은 하나의 우주 본체이고, 비록 우리 몸이 이렇게 생겨먹었다 하더라도 불성 자체는 조금도 변함이 없습니다.

우리 마음의 불성이 그때그때 연(緣)을 따라서 오른쪽으로 선회하면 전자가 되고, 왼쪽으로 선회하면 양자가 되지만 전자면 전자, 양자면 양자 그대로 굳어버리는 것이 아닙니다. 불성이 전자가 되거나 양자가 되고 중성자가 되었다 하더라도 불성은 조금도 훼손이 없습니다.

불성이 선회하여 변하는 것은 단지 에너지의 파동이고 이 파동은 한순간도 가만히 있지 않고 움직이지만, 에너지 자체, 불성 차원에서는 조금도 변질이 없습니다. 순금을 녹여 반지를 만드나 목걸이를 만드나 순금의 성품 자체는 조금도 변질이 없듯이, 불성 이것이 산소가 되든 수소가 되든 또는 어떤 성분이 되어 우리 몸을 구성한다고 해도 불성 차원에서는 변질이 없습니다.

인연 따라서 천차만별로 모든 것이 됩니다. 사람도 예쁜 사람이 있고 미운 사람이 있지만 불성은 조금도 변함이 없습니다. 따라서 불성을 볼 수 있는 명확한 안목이 있다면 겉으로 보이는 모습과 상관없이 그때는 다 하나의 불성으로 보입니다. 사람이 돼도 불성은 변함이 없고, 무쇠가 돼도 불성은 변함이 없으며, 아주 더러운 똥이 된다고 해도 불성은 변함이 없습니다.

그래서 어느 스님이 운문스님에게 "무엇이 부처입니까?[如何是佛]"라고 물었을 때 운문스님이 "똥 마른 막대기다![乾屎橛]"라고 대답을 했던 것입니다.

부처가 무엇이냐고 물은 스님은 그야말로 무언가 초월적이고 존귀하고 대단한 것이라고 생각하고 물었을 것입니다. 그러나 운문스님이 보았을 때는 부처라는 존귀한 대상이 따로 있는 것이 아니라, 똥이나 걸레짝이나 사람이나, 모두가 다 부처이고 불성이니까 똥 마른 막대기라고 탁 내쏘아버렸단 말입니다.

 그런 대답을 들으면 부처라는 것은 아주 위대한 것인데, 저 사람은 왜 똥 마른 막대기라고 했는지 의심하기 시작합니다. 그리고 이것을 화두로 삼아 계속 의심하는 가운데 마음이 모아집니다. 마음이 모아지면 집중이 돼서 마음이 트입니다. 마음이 트이고 더욱 집중하면 또 마음이 모아지고 더 깊이 파고 들어가면 불성까지 단번에 확 트입니다. 그러면 그때는 깨닫습니다. 그때는 불성이 훤히 보이니까, 똥이나 먼지나 모두가 불성이라는 것이 훤히 보이니까 부처를 똥 마른 막대기라고 말한 뜻을 확연히 알게 되는 것입니다.

 천지우주(天地宇宙), 산하대지(山河大地), 두두물물(頭頭物物), 준동함령(蠢動含靈)의 일체중생(一切衆生) 모두가 다 불성 아님이 없다는 것을 알게 됩니다.

 이것을 보고 "타성일편(打成一片)"이라고 합니다. 우주를 오직 하나의 것으로 통일시켜버린다는 말입니다. 이렇게 되면 마음이 편한 것입니다.

 전자는 무엇이고, 양자는 무엇이고, 소립자는 무엇이고, 너무나 정보가 많으니까 복잡해서 뭐가 뭔지 모르는 지경인데, 모두 다 하나로 모아서 만법귀일(萬法歸一)이라, 하나의 것으로 통일시켜버리면 참으로 마음이 편한 것입니다. 하나로 통일을 시키는데 그것도 가장 좋은 불성으로 통일을 시키니 참 좋습니다.

불성, 그것은 그렇게 행복도 충만하고, 진여(眞如), 법성(法性), 실상(實相), 보리(菩提), 도(道), 열반(涅槃), 극락(極樂), 중도(中道), 각(覺), 주인공… 부르는 이름은 각양각색이어도 모두가 다 완전무결한 하나의 불성으로 통일이 되는 것입니다.

부정관, 자비관, 인연관

부처님의 초기 법문은 쉽습니다.
선도 있고 악도 있고, 내가 있고 네가 있고 하니까
될수록 나쁜 짓 하지 말고 좋은 일을 하라고 가르쳤습니다.
즉 중생의 차원에서 받아들이기 쉬운 윤리적인 면을 주로 말씀하신 것입니다.

우리가 지금 수행을 하고 있지만, 부처님 당시와 비교하면 벌써 2500년의 세월이 흘러갔습니다.

부처님 당시의 인도 지방은 문맹도 많고 노예도 많고 배우지 못한 사람도 많았습니다. 그렇기 때문에 그때는 높은 경지의 어려운 법문(法門)은 할 수가 없었습니다. 제법공(諸法空)이라든가, 일체만유(一切萬有)가 꿈이요, 허깨비요, 그림자라고 말을 해도 사람들이 알아듣지를 못했던 것입니다.

지금도 사람들이 자기 몸뚱이는 좋게 보여서 좋은 것 먹고 좋은 것입는 것을 좋아하는데, 그런 사람들에게 눈에 보이는 것이 다 헛된 것이라고 말을 한다고 해서 얼마나 이해가 되겠습니까. 부처님 당시에는 더더구나 무식한 시절이라 알 수가 없었던 것입니다.

그렇기 때문에 부처님의 초기 법문은 쉽습니다. 선도 있고 악도 있고, 내가 있고 네가 있고 하니까 될수록 나쁜 짓 하지 말고 좋은 일을 하라고 가르쳤습니다. 즉 중생의 차원에서 받아들이기 쉬운 윤리적인 면을 주로 말씀하신 것입니다.

처음에는 부정관(不淨觀)으로 수행을 시켰습니다. 사람 몸에서 나오는 것은 눈물이고 콧물이고 오줌이고 침이고 모두가 더러운 것뿐이라는 이야깁니다. 아무리 미인이라고 하더라도 껍질 하나 벗겨 놓고 보면 미인이 될 수가 없습니다. 껍질을 둘렀으니 예쁘게 보이는 것이지, 껍질을 벗겨 놓으면 살덩어리에 선지피만 흐르는 것입니다. 이렇게 적나라하게 보면 인간의 몸뚱이라는 것은 더러운 것뿐라는 것이 부정관입니다.

살아있을 때야 우리 몸을 애지중지하겠지만 죽고 나면 자기 식구들조차도 보기 싫어합니다. 죽고 나면 결국 썩어서 가는 것이고, 또 불로 태우면 재만 남는 이 몸뚱이는 처음부터 끝까지 오염된 것뿐입니다. 어머니의 태(胎) 안에서는 뱃속의 더러운 것들 속에서 지냈고, 또 태어나면서 그것들을 지니고 태어납니다. 태어날 때부터 죽은 뒤까지 인간의 몸이란 사뭇 더러운 것뿐입니다.

초기에 부정관으로 수행을 시킨 이유는 사람들이 너무나 자기 몸뚱이만 사랑해서 죄를 지었기 때문입니다. 그런데 부정관을 하다 보면 나중에는 '이 몸뚱이에 집착할 필요가 없구나! 이것 때문에 내 생명을 낭비할 필요가 없구나!' 라고 깨닫게 되고, 이렇게 부정관 공부가 익어지고 차츰차츰 마음이 깊이 들어가면 욕심도 줄어드는 것입니다.

우리 마음이 불성 쪽으로 다가가면 갈수록 자기 몸에 대한 집착은 점점 희미해집니다. 몸에 대한 집착이 희미해지면 그만큼 법을 더 아는 것입니다. 그래서 부처님 당시는 탐심(貪心)이 많은 사람에게는 몸이 더럽다는 부정관을 가르쳤던 것입니다.

그리고 또 자비관(慈悲觀)이 있습니다. 자비관은 진심(瞋心)이 많아서 조금만 기분이 나쁘면 금세 핏대를 올리고 남을 증오하는 사람들에게 시켰습니다.

자비관은 내 주변의 좋아하는 사람을 생각하는 것입니다. 화가 나고 기분이 나쁠 때라도 좋아하는 사람을 생각하면 기분이 좋아지고 웃음이 나옵니다. 그래서 가까운 사람을 항상 생각합니다. 친근하고 좋은 사람들을 항시 생각하다 보면, 그때는 좋아하는 마음이 잠재의식에 박혀서 점점 좋아하는 마음이 다른 사람들에게도 퍼져갑니다.

자비관은 진심이 많은 사람들에게 가까운 사람부터 생각하도록 하여 자비심을 더욱 확장시키는 공부입니다.

그리고 또 인연관(因緣觀)이 있습니다. 중생들은 보통 어떤 일이 일어난 원인은 생각하지 않고 결과만 보고 일의 이치를 따집니다. 무슨 사태가 일어나면 그 결과만 보고 선악을 판단하고 타인을 경계하고 심판합니다. 그러나 원인을 생각해보면 그렇게 할 수가 없는 것입니다. 원인과 결과, 즉 인과(因果)를 가려서 생각하다 보면 차근차근 마음이 트여 갑니다.

부처님 법은 인과를 따지는 것입니다. 인과를 따져 올라가다가 가장 시초의 원인은 무엇인가, 이른바 제일 원인이 무엇인가를 자꾸 따져 올라가는 것입니다. 제일 원인은 바로 불성입니다. 인과를 거슬러 올라가고 올라가고, 물질도 분석하고 알갱이를 나누고 나누다 보면 결국 모두 텅 비어버립니다. 그 텅 빈 에너지가 바로 불성이기 때문에 인과를 따지다 보면 불성이 되어버립니다.

어느 면으로 보나, 하나의 티끌로 보나 하나의 물로 보나 또는 다른 무엇으로 보나 결국은 모두가 다 원자로 구성되어 있습니다. 그 원자의 근본 뿌리가 불성이기 때문에, 끝까지 분석해 들어가면 결국에 가서는 다 불성이 되어버립니다. 사람의 의식도 집중하면 할수록 제7 말나식, 제8 아뢰야식, 제9 암마라식 이렇게 깊어져서 결국 부처가 되어버립니다.

그와 같이 인과를 가리는 것이 인연관입니다. 우리 중생들은 무명(無明), 즉 잘못 보고 있습니다. 밝게 보면, 불성광명(佛性光明)이 훤히 천지를 다 비춥니다. 이런 것을 확신해야 합니다. 비록 지금은 무명에 가리어 밝게 보지 못하더라도, 공부가 깊어지면 내 인간성의 본광명이 우주를 훤히 비춘다는 확신이 서는 것입니다.

그렇게 공부가 잘 되어 가면 천안통(天眼通)을 얻습니다. 시공을 초월하여 일체의 사물을 속속들이 들여다볼 수 있는 것입니다. 금타 대화상의 천문학은 천안통을 통해야 납득할 수 있습니다. 천안통을 했으므로 지구의 내면이며, 화성의 내면, 수성의 내면, 또 각 성수(星宿)의 질량이나, 열량을 전부 다 수치로 나타낼 수 있습니다. 인간의 마음은 그렇게 소중하고 위대한 것입니다. 우리는 이런 사실을 깊이 느껴야 합니다.

이렇게 소중한 마음을 우리는 눈에 보이는 몸뚱이에 집착해 멀리합니다. 그래서 인도에서는 이 몸뚱이의 더러운 것을 생각하면 워낙 괴로우니까 자기 스스로 칼로 찔러서 죽기도 했습니다. 나중에 부처님께서 그래서는 안된다고 하여 자살은 하지 않도록 했습니다. 자기 몸 더러운 것만 생각하면 짜증도 나고 당장에 죽고 싶은 마음이 들기도 할 것입니다. 사람 사는 도리라 하는 양심이나 도덕도 사실 중요한 것이 아닙니다. 높은 경지에서 보면 그저 번뇌일 따름이겠지요. 그렇다 하더라도 본바탕은 부처이므로 한 생각 바꾸면 그야말로 무한한 세계를 볼 수 있습니다. 인간에게는 천안통도 하고 천지우주를 다 삼킬 수 있는 지혜가 있습니다. 누구나 가지고 있는데 계발을 못하는 것뿐이니, 깨달음에 목표를 두고 살면 몸 더러운 것을 생각하더라도 살맛이 생깁니다.

이와 같이 부처님 초기에는 눈으로 보이는 것을 두고 수행 방법을 삼았습니다.

염불도 부처님을 찾고자 해서 하는 것이므로 이름을 부르는 것도 하기 쉽습니다. 똥 마른 막대기라는 화두를 들고서도 마음을 통일시킬 수가 있는 것인데 하물며 나무아미타불이나 관세음보살을 부르는 일이 마음을 집중시키지 못할 까닭이 없습니다.

이 세상의 개념 가운데서 가장 소중한 이름이 부처님 명호입니다. 공부를 열심히 하시는 어떤 젊은 불자님이 "제 평생 나무아미타불 관세음보살만 불러도 너무나 짧습니다."라는 말을 했습니다. 자기 한 평생 아무것도 안하고 나무아미타불 또는 관세음보살만 해도 너무나 짧다고 합니다. 참 귀한 말씀입니다.

방편설, 진실설

방편을 넘어서면 진실설(眞實說)이 있습니다.
이론도 있고 교양도 있고 또 본체를 이야기해도 알아들을 정도가 되면
그때는 본 체성(體性), 즉 불성을 바로 집어서 이야기하는 것입니다.

　　　　　　　　방편설(方便說)이라는 수행법이 있습니다. 본질 그대로 불성을 말하지 못하고, 현상적인 문제에 의지해서 불성 쪽으로 가는 방법입니다. 중생들이야 눈에 보이지 않는 것을 쉽게 받아들이지 못하기 때문에 중생들의 수준에 맞춰 이런저런 쉬운 방법을 끌어다가 수행을 시키는 것입니다.

　그러나 방편을 넘어서면 진실설(眞實說)이 있습니다. 이론도 있고 교양도 있고 또 본체를 이야기해도 알아들을 정도가 되면, 그때는 본 체성(體性), 즉 불성을 바로 집어서 이야기합니다. 바로 마음을 딱 집

어서 이야기하는 것입니다. 이것이 불교 말로 교외별전(敎外別傳)이고 직지인심(直指人心)입니다.

학식도 있고 여러 이론도 배우고 있고 또 몸도 있지만, 바로 그대의 마음이 부처라는 즉심시불(卽心是佛)입니다. 내가 지금 남을 미워하기도 하고 좋아하기도 하면서 그렇게 분별을 하는 마음이 바로 부처라는 것입니다. 곧 직(直)자에 가리킬 지(指)자, 사람 인(人)자, 마음 심(心)자입니다. 사람의 마음을 딱 집어서 그냥 그대로 "이 마음 바로 부처다!"라는 법문이 가장 고등한 법문입니다.

자비관이니 부정관이니 방편설이니 하는 여러 가지 수행법이 있습니다. 이론적으로 여러 가지 체계가 많이 있지만, 이런 것을 통해 눈에 보이는 것들의 허망함과 마음의 중요성을 깨우치면 이제 "그대 마음이 바로 부처요"라고 합니다.

천지우주가 지금 풀도 있고 산도 있고, 누런 것도 있고 푸른 것도 있습니다. 그러나 누렇고 푸른 것은 중생이 보아서 누렇고 푸른 것이지, 그것도 바로 보면 불성이고 부처입니다. 이런 것을 당체여시(當體如是)라고 합니다. 산이면 산, 물이면 물, 티끌이면 티끌 모두가 그대로 부처라는 말입니다. 중생은 제대로 보지 못하지만 성자는 당체 그대로를 부처로 봅니다. 그리고 이렇게 하는 법문이 가장 높은 차원의 수행법인 것입니다.

마하지관과 보리방편문

마하지관은 천태지의선사가 부처님의 일대시교(一代時敎)를 다 모아서
한 체계로 묶어 제일 지혜가 수승한 사람한테 제시한 가장 고도한 수행법입니다.
마하지관은 어렵다고 해서 사람들이 잘 보려고 하지 않지만
마하지관 수행법과 보리방편문 수행법은 비슷비슷합니다.

보리방편문(菩提方便門)은 우리 마음이 바로 부처인 것을 조금의 군더더기도 없이 여실히 밝힌 법문입니다. 그 연원(淵源)은 제2의 석가라고 하는 용수보살에게 올라갑니다. 금타대화상이 깊은 선정(禪定), 즉 삼매에 들어 있는 중에 과거의 용수성자로부터 감응을 받아 전수받은 현대에 가장 알맞은 고도한 수행법이 바로 보리방편문입니다.

도인들이 깊은 선정에 들면 과거와 현재와 미래를 모두 보게 됩니다. 지금 세상으로 말하자면 최첨단 수신기로 라디오나 텔레비전의

전파가 와서 닿는 것이나 같습니다. 그래서 도인들이 삼매에 들면 몇천 년 전이든 몇만 년 뒤의 일이든 시공에 구애받지 않고 알 수 있게 되는 것입니다.

사실 이러한 가능성은 누구나 갖추고 있습니다. '분명히 부처님은 모두를 다 알고 모두를 다 할 수 있다.' 이렇게 믿어야 진실한 불교 신앙인입니다. 그리고 원래 우리 인간성이 바로 그런 것입니다.

그리고 또 마하지관(摩訶止觀)이라는 것이 있습니다. 마하라는 것은 인도말로 위대하다는 뜻입니다. 그치다는 뜻의 지(止)는 산란한 마음을 딱 그치게 하여 마음을 고요히 한다는 말입니다. 본다는 뜻의 관(觀)은 우리의 본성을 비추어 본다는 것입니다. 지금은 비록 무명(無明)에 가려 바로 보지 못하는 우리의 본성을 부처님 말씀에 따라서 비추어 보는 것입니다.

마하지관은 20권으로 이루어졌으며, 중국의 천태지의스님이 낸 것입니다.

불성은 불생불멸, 낳지 않고 죽지 않고 영생하는 것입니다. 불성 가운데는 물질적인 질료는 아무것도 없고 또 불성은 시간성과 공간성을 초월해서 존재합니다. 그리고 일체 존재의 모든 가능성을 갖춘 하나의 광명입니다. 부처님께서 이렇게 말씀을 했으니 우리 중생이야 그저 부처님 말씀을 따라서 믿고 비춰 봅니다.

마음공부는 선정(禪定)과 지혜(智慧)를 같이 닦는 것입니다. 불교는 아주 어렵거니와 관련된 이론과 체계도 많습니다. 참선공부는 인류 문화사 가운데 가장 고도한 수행법이기도 합니다. 그런 어렵고 고차원적인 수행법을 단 몇 시간 동안 이해하고 윤곽을 잡으려는 것은 어려운 일입니다.

그래도 현대는 다행히 과학이 발달한 시대라, 물리학적인 지식을 동원시키면 중생의 의식으로도 어느 정도 납득이 갑니다. 항상 학교에서 배운 물리학적인 지식을 상기하면 좋습니다. 불교 공부를 하다 보면 물리학과 수학이 철학을 공부할 때도 중요하다는 것을 알 수 있습니다. 저는 원래 수학을 못해서 철학 서적을 읽다 보면 막혀서 이따금 답답할 때가 있습니다. 물리학적인 소양은 지금 현대를 살아가는 우리에게 매우 중요한 것입니다. 현대는 이론과 실험과학의 체계 위에 서 있기 때문에, 지금 시대는 물리학을 모르면 아주 불편합니다.

지금 물리학을 보면 일체 물질이 파괴된 후에는 에너지라는 광명만이 남는다는 것을 증명하고 있습니다. 전자(電子)라는 것을 극소화시키면 광량자(光量子), 즉 광입자(光粒子)가 됩니다. 전자라는 아주 미세한 알맹이를 분해해보면 결국은 하나의 광자(光子)라는 것입니다. 하나의 광명체(光明體)입니다. 현대 물리학으로 봐도 우주에는 지금 이러한 광자가 가득 차 있는 것입니다.

부처님께서 온 우주가 불성이고 광명이고 부처님뿐이라고 하신 말씀을 현대 물리학으로 비추어 본다 하더라도 맞는 말이라는 것을 알 수가 있습니다.

근원적인 것은 하나의 생명의 성역으로 돌아가는 것입니다. 마하지관은 우리의 산란한 마음, 좋다 궂다 분별하는 마음이 허망한 것들이므로, 이 허망한 것을 우리가 부정하지 않으면 참다운 것이 못 나온다는 것을 일깨워줍니다.

그렇기에 부처님 경전 가운데서 양적으로 가장 비중이 많은 것이 공(空) 사상, 제법공(諸法空)입니다. 이른바 금강경 도리를 부처님이 22년이나 말씀하셨습니다. 사람도 허망하고, 꿈이요, 허깨비라는 것을 또 말씀하시고 또 말씀하셨습니다. 좋은 말도 여러 번 들으면 실증이 나는 것인데, 이 소중한 내가 허망한 존재라는 말을 듣는 것이 무엇이 좋겠습니까. 그래도 그렇게 반복해서 말하지 않으면 중생들이 잘 알아듣지 못하니까 그렇게 말할 수밖에 없는 것입니다.

그 당시에 현대 물리학의 원소 이론이 있을 리가 없습니다. 이 몸뚱이는 이와 같이 생긴 대로 고유하게 있다고 생각을 합니다. 단 한 순간도 이 몸뚱이가 그대로 있는 것이 아니건만, 중생들은 그런 것을 모르기 때문에 부처님이 아무리 이야기해도 통하지가 않는 것입니다. 그래서 부처님은 우리 중생들이 보고 있는 현상계(現象界)가 허망하고 메아리요 그림자라는 것을 22년간 줄기차게 말씀하셨던 것입니다.

『육조단경(六組檀經)』에도 본래무일물(本來無一物)이라고 하여 본래 한 물건도 없다고 했습니다. 사람들이 보기에는 천지 우주가 물질로 꽉 차 있는데 본래 한 물건도 없다고 합니다.

어째서 없는 것인가? 이것도 역시 물리학을 아는 분들은 그냥 이해가 됩니다. 물질은 에너지의 파동일 뿐입니다. 개별적으로 고정된 물질도 아니고 질료도 없습니다. 공간성도 없는 에너지의 진동, 즉 파동이 우리 눈에는 물질로 보이는 것뿐입니다.

횃불을 동그랗게 빙빙 돌리면 우리 눈에는 불 동그라미가 있는 것처럼 보입니다. 그러나 그 불 동그라미는 실제로 있는 것이 아니라 시각의 잔상에 의한 착각 때문에 그와 같이 있어 보이는 것입니다. 사람의 몸도 마찬가지입니다. 세포들이 합해서 모여 있으니까 사람 몸뚱이로 보이는 것이지, 세포도 역시 보다 미세한 것들에 의해 파동만 있는 것이지 실제로는 공간성이 없다는 말입니다.

가장 미세한 원자를 놓고 생각해 보아도 그렇습니다. 원자는 원자핵을 중심으로 주위에 전자들이 돌고 있습니다. 어떠한 존재나 모두가 다 원자로 이루어지지 않은 것이 없는데, 우리가 분석해놓고 보면 원자란 핵을 중심으로 삼아 전자들이 돌고 있는 것입니다. 핵 주위로 전자가 몇 개나 도는가에 따라서 산소, 수소, 질소라는 차이가 있을 뿐입니다.

그런데 그 원자핵과 그 주위를 도는 전자와의 사이는 텅 비어 있습니다. 원자핵과 전자 사이는 마치 태양과 지구와의 사이같이 텅 비어 있습니다. 태양과 지구와의 사이가 비어 있는 것처럼, 모든 물질의 근원이 되는 원자 자체의 속은 텅 비어 있다는 것입니다. 물론 원자와 다른 원자 사이도 텅텅 비어 있습니다.

그런 비어 있는 것들이 모여서 우리 몸도 구성하고 물질도 구성하고 있습니다. 그래서 부처님께서는 우리 몸을 가리켜서 공취(空聚)라고 했습니다. 텅 빈 하나의 무더기라는 말입니다. 텅 빈 공(空)이 모여서 우리의 세포를 이루고 있습니다.

모든 물질의 근본이 되는 원자는 비어 있는 것입니다. 그러면 원자핵이란 무엇인가. 핵도 에너지가 진동해서 돌고 있는 파동에 불과합니다. 전자 역시 에너지의 파동에 불과합니다. 그렇기 때문에 그러한 것들이 물질화돼서 물질이 되었다 하더라도 그 근본에서 보면 에너지뿐입니다. 중생이 되고 무엇이 되고 했다 하더라도, 근본 본질에서 볼 때는 모두가 부처뿐입니다.

우리 몸이라는 것은 이렇게 텅 빈 것인데 그 사실 하나를 중생이 받아들이지 못하니까 부처님께서 22년 동안이나 반야(般若) 공(空)

사상을 이야기하신 것입니다.

『금강경(金剛經)』에서는 아상(我相), 인상(人相), 중생상(衆生相), 수자상(壽者相)이 없다고 했습니다. 상(相)이란 결국 현상(現象)입니다. 잘났고 못났고 내가 있고 네가 있고 개도 있고 소도 있고… 그런 것이 모두 상인데, 금강경에서는 상이 있다는 것을 처부수기 위해서 그런 말을 한 것입니다. 상이 없으면 불(佛)이요 도(道)요 성자(聖者)요 부처님이 되는 것입니다. 상이 있으면 범부고 중생입니다. 이렇게 간단한 것입니다. 상이 없으면 성자고 부처요, 상이 있으면 범부요 중생입니다.

따라서 우리가 관조(觀照)를 할 때 초기에는 태양도 보라 하고, 서산(西山)에 뉘엿뉘엿 지는 황혼도 보라 하고, 영롱한 물도 보라 했습니다. 장엄한 태양을 보면 마음이 텅 비어 오고, 영롱한 물을 자주 보면 혼탁한 마음이 맑아 옵니다. 초기에는 눈에 보이는 상대적인 것과 인연을 짓게 해서 우리 마음을 관조해서 통일시키는 법을 썼습니다. 초기 불경에도 그러한 법이 많이 있습니다. 그렇게 조금 올라가면 법당에 있는 거룩하신 부처님을 애쓰고 봅니다. 마리아 상을 보고, 부처님 상을 보고 그러면 우리 마음이 그만큼 모아집니다.

초기에는 이렇게 형상을 보고 관조하는 법이 있었지만, 형상은 허망한 것이고 참다운 실상은 모양이 없습니다. 가장 고도한 형상은 모양이 없는 순수한 생명입니다. 이렇게 순수한 생명을 인정할 정도가 되면 그때는 이관(理觀)이라, 마음의 원리를 보게 합니다.

 마하지관에서 마음을 고요히 하는 것이 지(止)고, 마음을 어떤 경계에다 놓고 비추어 보는 것은 관(觀)입니다. 가장 위대하기 때문에 마하지관이라 합니다. 따라서 그때는 에누리가 없이 불성 그 자리에 마음을 딱 붙여 버립니다. 마하지관은 천태지의선사가 부처님의 일대시교(一代時敎)를 다 모아서 한 체계로 묶어 제일 지혜가 수승한 사람한테 제시한 가장 고도한 수행법입니다.

 마하지관은 어렵다고 해서 사람들이 잘 보려고 하지 않지만, 마하지관 수행법과 보리방편문 수행법은 비슷비슷합니다.

 마하지관은 마음을 공(空), 가(假), 중(中)으로 봅니다. 공은 우리가 보는 모든 인식이 텅 비었다는 것입니다. 누누이 말씀드렸다시피, 중생의 인식은 실존을 보지 못합니다. 물자체를 못 본다는 것입니다. 그렇기 때문에 우리가 보는 것은 물자체가 아니고 결국 모두가 사실이 아닌 거짓, 즉 가(假)입니다. 모든 것이 다 비었다는 것이 공이고, 따라서 모두가 거짓이라는 가입니다. 그러나 텅 비었다고 하더라도 아무것도 없는 공이 아닙니다. 그 공 가운데에는 무엇인가 일체 존재가 이루어질 수 있는 모든 가능성을 다 포함하고 있습니다.

 그 다음은 중(中)입니다. 중은 공과 가를 다 포함하고 있습니다. 공도 아니고 가도 아니고, 공도 아니고 색도 아니고, 그와 같이 다 통하기 때문에 중도(中道)입니다. 이것이 천태지관에서 보는 시각입니다.

보리방편문은 마하지관과 약간 비슷합니다만, 천태지의선사의 공가중(空假中)은 불성을 논리화시켜서 보았기 때문에 생명적인 역동성이 잘 느껴지지 않습니다. 그러나 보리방편문은 생명을 화석화(化石化)시키지 않고 생명 그대로를 공부하는 법입니다. 그래서 저는 마하지관보다는 보리방편문이 더 우수하다고 봅니다.

보리방편문의 핵심, 심즉시불

부처님 법문 가운데서 가장 고도한 법문은 대체로 심즉시불이라,
즉 마음이 바로 부처라는 말씀을 다 하고 있습니다.
우리 중생들은 '이렇게 못나고 좁은 마음이 어떻게 부처일 것인가?'
이렇게 회의를 품습니다만, 이것은 우리 마음의 표면에 불과하고,
우리가 쓰는 나요, 너요, 좋다, 궂다 하는 그 마음은 빙산의 일각에 불과합니다.

보리방편문을 보면, 여기 지금 내 마음 심(心)이 바로 부처님임을 설파한 것입니다. 불교를 심종(心宗)이라 하는 까닭과, 불교의 대요(大要)인 심즉시불(心卽是佛)이 이렇게 간명하게 말씀이 됩니다. 부처님 법문 가운데서 가장 고도한 법문은 대체로 심즉시불이라, 즉 마음이 바로 부처라는 말씀을 다 하고 있습니다.

우리 중생들은 '이렇게 못나고 좁은 마음이 어떻게 부처일 것인가?' 이렇게 회의를 품습니다만, 이것은 우리 마음의 표면에 불과하고, 우리가 쓰는 나요, 너요, 좋다, 궂다 하는 그 마음은 빙산의 일각

에 불과합니다.

우리 마음의 저변은 무한대로 우주를 감싸 있습니다. 김가 마음도 천지우주를 감싸 안고, 박가 마음도 역시 천지우주를 다 감싸 있습니다. 이것은 시공을 초월한 무장무애(無障無碍)한 마음, 즉 영체(靈體)라서 그때는 중복이 돼도 하등의 장애가 없습니다. 무장무애라, 박가 마음이나, 김가 마음이나 모두가 똑같이 천지우주를 다 감싸 있습니다.

그런데 범부들은 마음을 겉에 뜬 표면의식만 사용합니다. 우리가 쓰고 있는 마음이라는 것은 빙산의 일각일 뿐입니다. 우리의 마음은 몸뚱이에 꽉 가려서 이 몸뚱이의 한계를 넘어서지 못하는 것입니다. 그러나 부처님 법문이라는 것은 그 '나'라는 것에 갇혀 있는 마음을 해방시켜서 본래의 마음자리로 돌아오게 하는 것입니다. 이것이 바로 불교입니다.

따라서 지금 우리가 사용하고 있는, 몸에 가려서 제 심성을 다 발휘하지 못하는 마음이라 할지라도 알고 보면 다 부처입니다. 지금 이 마음이 비록 부처가 다 된 마음이 아니지만 그래도 다 부처입니다. 마하지관도 있고 천태학(天台學)도 보다 보면 논쟁이 많이 있습니다. 심즉시불이라고 하면, '보통 심(心)이 아니라 도인(道人)의 심을 말하는 것이다'라는 분이 있고, '도인의 마음이 아니라 우리 중생심(衆生心)을 가리키는 것이다'라고도 합니다. 이와 같은 입장이 마음이 바

큰스님 친필법문 : 심즉시불(心卽是佛)

```
                청정법신비로자나불    청중심계      타
                清淨法身毘盧遮那佛 … 清空心界 … 陀
         심                                                    여러 여래장 열반 보리 도 중생 법상 속에 있는 진공 주인공
         心   원만보신노사나불      평만성해    미           불      如來藏 涅槃 菩提 道 中生 法相 我 我 主人公
              圓滿報身盧舍那佛 … 淨滿性海 … 彌       佛    眞
                                                              如 如 涅 菩 道 中 法 法 大 本 眞 第 塵 一
                천백억화신석가모니불    구상중생    아                來 來 槃 提 性 實 相 我 眞 來 諦 一 塵 物
                千百億化身釋迦牟尼佛 … 漚相衆生 … 阿                藏                界                      主 面    義
                                                                                                             人 目    諦 神
                                                                                                             公           물
                                                                                                                          
                    무색중생                                                                                 본래면목 진체 제일의제 진체 일물
             중생 ┌ 無色衆生 ┐ 일체중생
         ※ 衆生 │ 無情衆生 │ 一切衆生
             有情衆生 ┘

                清淨法身毘盧遮那佛 … 清空心界 … 法身(陀)
         心                                                    如 眞 佛
         (唯  圓滿報身盧舍那  佛 … 淨滿性海 … 報身(彌)       佛   性 佛 法
         心)                                                   性 法 實
                千百億化身釋迦牟尼佛 … 漚相衆生 … 化身(阿)         相 實 中
                                                              道 中 善
                                                              菩 善 涅
                                                              提 涅 如
                                                              來 如 主
                                                              公 主 人
                                                                 人 公
```

로 부처라는 심즉시불의 논쟁입니다.

한쪽에서는 도인의 마음이 바로 부처인 것이지 별 볼일 없는 중생의 마음이 부처는 아니라고 주장한 분도 있고, 중생 마음의 본바탕이 결국 부처이기 때문에 중생 마음이 그대로 부처라고 해도 틀린 것이 없다고 주장하는 분도 있습니다. 이렇게 두 파가 생겨서 논란이 많았는데, 결국은 중생 마음도 부처라는 논법이 이겼습니다.

삼신불(三身佛)을 비유로 말하면 태양(太陽)의 체(體)는 청정법신(淸淨法身) 비로자나불(毘盧遮那佛)에 해당하고, 태양광명(太陽光明)은 원만보신(圓滿報身) 노사나불(盧舍那佛)에 해당하고, 태양광선의 그림자는 천백억화신(千百億化身) 석가모니불(釋迦牟尼佛)에 해당합니다.

청정법신 비로자나불은 물질이 아니고 우주 가운데 텅 비어 있으니 공(空)이라 하고, 그 공 가운데는 일체 존재를 일으킬 수 있는 본 성품 원만보신 노사나불이 충만해 있으니 성(性)이라 하고, 또 이 자리에서 천백억화신 석가모니불인 일체현상이 나오므로 상(相)이라 합니다.

앞서 천태지의스님이 말한 공(空), 가(假), 중(中)을 배대하면 정확히는 좀 문제가 있으나, 이것은 중도(中道)의 중(中)에 해당하고, 이것은 가(假)에 해당하고, 이것은 공(空)에 해당합니다. 깊이 생각할 필요는 없습니다. 우선 배대했을 뿐입니다.

그렇게 해서 청정법신 비로자나불 자리는 아미타불의 타(陀)에 배대하고, 원만보신 노사나불은 아미타불의 미(彌)에 배대하고, 일체존재 일체만유를 아미타불의 아(阿)에 배대를 시켰습니다.

따라서 천백억화신 아(阿)만 따로 있는 것이 아니고, 청정법신 공(空)만 따로 있지 않습니다. 우리가 하나의 불빛을 볼 때, 겉으로 보이는 것은 아(阿)인 불빛이지만 그 안에는 결국 성(性)과 공(空)이 다 들어 있습니다. 또 그 반대로 공 가운데도 공만 따로 있는 것이 아니라 동시에 성과 상이 다 있습니다. 소위 삼위일체(三位一體)란 말입니다. 또 삼신 즉 법신·보신·화신이 있다 하더라도 결국 하나의 부처님입니다. 셋으로 나누어져 있는 것이 아닙니다. 그렇기 때문에 삼신일불(三身一佛) 아미타불(阿彌陀佛)이라는 말이 나온 것입니다.

사람들이 알아듣기 쉬우라고 아미타불은 저 서방정토(西方淨土)의 극락세계에 계신다고 말을 하는 것이지, 방편을 떠나서 직접적으로 말하자면 아미타불은 저 멀리 어디에 있는 것이 아니라, 우리가 살고 있는 천지우주가 바로 아미타불입니다.

그러면 관세음보살은 무엇인가? 관세음보살은 천지우주인 아미타불의 자비의 상징입니다. 또 문수보살은 무엇인가? 천지우주 아미타불의 지혜가 바로 문수보살입니다. 그렇게 부처님 이름이 많지만 모두가 다 뿔뿔이 있지가 않습니다. 부처님 공덕이 하도 많으니까 하나의 개념으로는 표현을 잘 못하는 것입니다.

그래서 공덕 따라서 그때그때 이름이 붙습니다. 중생의 병고(病苦)를 다스릴 때는 약사여래라, 또 하늘에 있는 각 성수들, 별들을 가리킬 때는 치성광여래, 칠성여래입니다. 그와 같이 돌멩이나 티끌이나 모두가 다 부처님의 화신입니다.

이와 같이 마음이 바로 부처인 것인데, 마음 그것은 무엇인가. 달마대사의 관심론(觀心論)을 보면 마음을 맨 처음부터 풀이한 것이 있습니다. 인간성이나 마음은 기묘한 것입니다. 우리 마음이라는 것이 별것도 아닌 것인데, 마음만 파고 들어가면 의식, 말나식, 아뢰야식, 암마라식이고, 결국은 부처가 되어버립니다.

사실 어떠한 것이나 결국은 들어가면 다 부처가 되어버립니다. 산이고 냇이고 티끌이고 원소고 소립자도 모두 파고 들어가면 마음이 되어버립니다. 마음은 우주의 순수 생명 에너지입니다. 따라서 어떠한 것에도 모두 똑같이 다 포함되어 있습니다.

그래서 『화엄경(華嚴經)』을 보면 우주라는 것은 종횡으로 얽히고설켜서 하나로 묶여 있습니다. 우주는 하나의 생명 덩어리입니다. 그래서 우리가 천지 우주의 도리에 맞게 살면 되는 것인데, 나만 잘 살고 남이 못 살면 균형이 깨집니다. 균형이 깨지면 틀림없이 그때는 무슨 소리가 나옵니다.

우리 중생은 앞서 말한 것과 같이 겉만 봅니다. 본래 하나인 것을 본다고 생각하면 균형 있게 살 수가 있을 것인데, 속은 못 보고 겉만 봅니다. 그래서 불경에서는 그때그때 중생의 근기에 따라서 부처님을 여러 가지로 말씀을 합니다. 보리(菩提), 도(道), 열반(涅槃), 법성(法性), 실상(實相), 여래(如來)… 이것이 원래 우리 주인공입니다. 본래면목(本來面目), 진여(眞如), 극락(極樂)은 모두가 다 결국 부처라는 하나의 별명에 불과합니다. 이름은 다르지만 뜻은 모두 같습니다. 불경을 볼 때 이렇게도 나오고 저렇게도 나오고 하면 무엇이 무엇인지 잘 모르는 분들이 많습니다만, 결국은 다 불성을 말하고 있는 것입니다.

불교는 어떤 때는 현상만 가지고, 상(相)만 말하는 법문도 있고, 어떤 법문은 성(性)만 말하는 법문도 있고, 어떤 법문은 체(體)만 말한 법문도 있습니다. 그러므로 중생이 상만 말한 법문을 보면 성과 체는 잘 모르게 됩니다.

옛날에는 상만 말하는 법문만 가지고도 다 통할 수가 있었지만 현대는 다릅니다. 요즘 사람들은 일반 철학은 물론 헤겔(Georg Wilhelm Friedrich Hegel, 1770~1831) 철학이나 스피노자(Baruch de Spinoza, 1632~1677)의 철학까지도 다 배웠기 때문에 한쪽에 치우친 불교해설을 하면 잘 통하지 않습니다. 스피노자는 특히 불교도 많이 공부를 해서 스피노자의 책을 보면 마치 부처님 말씀 같다는 생각이 날 때도 있습니다.

원래 부처님의 뜻도 어느 하나만 가지고 이해하라는 것이 아닙니다. 다만 부처님은 그때그때 시대에 따라서 법문을 다르게 했던 것이고, 지금 같은 시대에는 이것저것 다 종합적으로 하지 않으면 안 되는 때입니다.

따라서 같은 수행법이라도 몸이라는 것은 더럽다고 하는 부정관(不淨觀)이나 모든 것이 다 비었다고 보는 것만 공부해서는 불교 공부를 한다고 볼 수 없습니다. 도인들이 보면 빈 가운데 다만 비어 있지 않고서 불성광명(佛性光明)이 충만한 자리, 모두를 찬란한 불성으로 봅니다. 그 자리가 바로 실상입니다. 그런데 실상을 생각하지 않고 모든 것이 텅 비었다고만 생각하면 허무를 느낍니다.

우리 마음의 저변은 부처이기 때문에, 우리가 부처님 가르침 같은 고도한 법문이 아니면 우리 마음은 항상 불안합니다. 무엇이 있으나 없으나 전부가 다 부처라고 되어버려야 그것이 본래 성품이기 때문에 마음이 풍요합니다.

따라서 우리 마음이 가장 풍요해지는 행법, 현상이나 실상이나 모두를 종합적으로 수렴한 법문이 천태지의선사의 법문이요, 또 금타대화상의 보리방편문입니다. 이 법문은 우주만유를 하나의 도리로 딱 통달시킵니다. 이렇게 되면 우리가 비록 체험은 못한다 하더라도 마음 자체는 개운한 것입니다.

　내가 죽어도 내 불성은 죽지 않고, 어디가 아파도 불성은 아프지 않습니다. 아파도 말똥말똥 불성을 생각하면 그렇게 아프지도 않습니다. 그래서 불성 자리에 마음을 두고 사는 것이 참 불교인의 생활인 것입니다.

　염불도 결국 부처하고 하나가 되기 위해서 하는 것입니다. 한시라도 부처를 떠나지 않기 위해 항시 부처를 염하는 것입니다. 우리가 본래 부처이기 때문입니다. 앞을 보나 뒤를 보나 위를 보나 아래를 보나, 결국은 부처뿐인 것이니까 부처를 안 떠나기 위해서 우리가 염불을 하는 것입니다.

　옛날 방편염불은 쉽게 이해시키기 위해 저만큼 밖에서 우리가 부처님을 부르면 부처님이 우리한테 와서 우리를 돕고 우리를 지켜준다고 했습니다. 그러나 원래의 염불은 그런 것이 아닙니다. 앞을 보나 뒤를 보나 이것을 보나 저것을 보나 모두가 부처라는 마음으로 하는 것이 참다운 염불입니다.

보리방편문의 해석

菩提方便門

心은 虛空과 等할새, 片雲隻影이 無한 廣大無邊한 虛空的心界를 觀하면서 淸淨法身인달하여 毘盧遮那佛을 念하고, 此 虛空的心界에 超日月의 金色光明을 帶한 無垢의 淨水가 充滿한 海象的性海를 觀하면서 圓滿報身인달하여 盧舍那佛을 念하고, 內로 念起念滅의 無色衆生과 外로 日月星宿山河大地森羅萬象의 無情衆生과 人畜乃至 蠢動含靈의 有情衆生과의 一切衆生을 性海無風金波自涌인 海中에 漚로 觀하면서 千百億化身인달하여 釋迦牟尼佛을 念하고, 다시 彼無量無邊의 淸空心界와 淨滿性海와 漚相衆生을 空·性·相 一如의 一合相으로 通觀하면서 三身一佛인달하여 阿(化)·彌(報)·陀(法) 佛을 常念하고, 內外生滅相인 無數衆生의 無常諸行을 心隨萬境轉인달하여 彌陀의 一大行相으로 思惟觀察할지니라.

152

"심(心)은 허공(虛空)과 등(等)할새"

우리 마음은 허공과 같습니다. 허공은 막힘이 없고 거침이 없는 것입니다. 우리 마음도 허공과 같이 막힘이 없는 것인데, 우리 중생은 '나'라는 장애, '너'라는 장애에 걸려 있습니다. 즉 상(相)에 막혀 있는 것입니다. 따라서 우리는 우리 마음에 걸려 있는 것을 '마음은 허공과 등할새'라는, 실존 그대로 말하는 법문을 받아들여 탁 털어버려야 합니다.

"편운척영(片雲隻影)이 무(無)한 광대무변(廣大無邊)한 허공적심계(虛空的心界)를 관(觀)하면서"

조각구름이나 조그마한 그림자도 없는, 넓고 크고 끝이 없는 허공과 같은 마음의 세계를 관찰합니다.

우리 마음의 본바탕은 끝도 없는 광대무변한 허공 같은 세계입니다. 우리 마음은 아무것도 없는 허무한 것이 아니라, 하나의 커다란 생명입니다.

"청정법신(淸淨法身)인달하여 비로자나불(毘盧遮那佛)을 염(念)하고"

우리의 마음은 이와 같이 끝도 없는 생명이기 때문에 청정법신(淸淨法身)입니다. 오염도 없고 한없이 맑고 깨끗한 청정법신 비로자나불입니다. 끝도 없이 훤히 비어 있는 생명, 즉 우리의 마음이 바로 비로자나불입니다. 끝도 갓도 없이 훤히 트여 있는 광대무변한 하나의 생명체, 이것이 이제 청정법신 비로자나불이라는 것입니다.

"인달하여"는 옛날에 쓰이던 접속사입니다. "청정법신인달하여"라고 표현한 것은 "청정법신인" 것과 같습니다.

"차(此) 허공적심계(虛空的心界)에 초일월(超日月)의 금색광명(金色光明)을 대(帶)한"

이와 같이 끝도 갓도 없는 청정법신 비로자나불인 마음세계는 다만 허무하게 비어 있는 것이 아니라 생명으로 가득 차 있습니다. 이러한 우리 마음의 세계는 달이나 해보다도 훨씬 더 찬란하고 초월적인 금색광명 세계입니다. 달이나 해의 빛을 초월하는 빛이란 우리가 물리적으로 보는 광명이 아닙니다. 그 빛은 물질이 아닌, 질료가 아닌 순수한 적광(寂光), 정광(淨光)을 말합니다.

"무구(無垢)의 정수(淨水)가 충만(充滿)한 해상적(海象的) 성해(性海)를 관(觀)하면서"

조금도 때묻지 않은 정수(淨水), 즉 청정한 하나의 생명수가 충만한 바다와 같은 성해(性海)를 관찰한다는 것입니다. 끝도 없는 광명의 바다도 하나의 물리적인 현상이 아닌 광대한 생명입니다. 그래서 부처님 이름을 붙인 것이 원만보신 노사나불입니다.

"원만보신(圓滿報身)인달하여 노사나불(盧舍那佛)을 염(念)하고"

모든 가능성과 모든 생명을 생성하고 이끌고 다스리는 힘이 거기에 원만히 갖추어져 있기 때문에 원만보신 노사나불입니다. 부처님은 신비부사의하고 전지전능하신 살아계시는 실존의 초월적 생명체입니다. 그러한 원만보신인 노사나불을 생각한다는 뜻입니다.

"내(內)로 염기염멸(念起念滅)의 무색중생(無色衆生)과"

자기 마음 속에서 일어나고 사라지는 온갖 생각들은 무색중생입니다. 무색중생이라 한 까닭은 우리 마음에서 일어나는 생각이 형체[色]가 없다는 것을 표현하기 위한 것입니다. 좋다, 궂다, 밉다, 예쁘다라고 하는 추상관념은 형체가 없는 것입니다.

"외(外)로 일월성수(日月星宿) 산하대지(山河大地) 삼라만상(森羅萬象)의 무정중생(無情衆生)과"

밖으로 보이는 해나 달이나 별이나 산이나 강과 땅을 비롯한 모든 만상(萬象)은 무정중생입니다. 무정중생은 아직 의식이 발달하지 못한 중생을 말합니다.

"인축내지(人畜乃至) 준동함령(蠢動含靈)의 유정중생(有情衆生)과의 일체중생(一切衆生)을"

사람이나 동물 등 꾸물거리는 식(識)이 있는 유정중생입니다.

일체중생은 앞에서 말한 대로 우리 관념으로 이루어진 무색중생과, 우리가 '무생물'이라고 하는 무정중생과, 동물인 유정중생을 모두 더해 가리키는 말입니다.

보리방편문

"성해무풍(性海無風) 금파자용(金波自涌)인"

바람도 없는 바다 위에서 금빛 파도가 스스로 뛴다는 말입니다. 바람도 없는 바다란 원만보신 노사나불이라는 광명의 생명의 바다를 말합니다. 일체중생은 그 무한한 바다에서 솟아나는 것입니다. 해와 달과 별, 사람과 동물, 삼라만상의 모든 것은 무량무변(無量無邊)한 천지우주에 금색광명이 가득한 가운데서 인연 따라서 이렇게 저렇게 생성되어 나온다는 것입니다.

"해중구(海中漚)로 관(觀)하면서"

바다 가운데 있는 거품으로 본다는 뜻입니다. 일체중생은 광대무변한 생명의 바다에서 스스로 뛰노는 물거품 같다는 것입니다.

창해일속(滄海一粟)입니다. 끝도 없는 바다에 한 톨의 좁쌀이라는 뜻입니다. 바다나 산이나 강처럼 우리 눈에 크게 보이는 것들도 별자리나 은하계나 보다 더 큰 성운(星雲)같은 것에 비교하면 하나의 점만도 못한 것입니다. 그야말로 망망대해에 좁쌀 한 알만도 못한 존재에 불과합니다.

'나'라는 것은 마음으로만 보면 파스칼의 말과 같이 천지를 다 감싸고 있지만, 존재적인 의미만 보면 먼지 하나 만큼도 못한 것입니다. 사람 수, 동물 수, 무생물들의 수, 두두물물 산이요, 강이요, 들이요, 별 같은 것을 모두 무수한 거품으로 보는 것입니다.

"천백억화신(千百億化身)인달하여 석가모니불(釋迦牟尼佛)을 념(念)하고"

바다에 뛰노는 금색 파도의 거품같은 것들이 숫자가 너무나 많기 때문에 천백억화신(千百億化身)이라. 이런 것이 모두가 원래 부처님한테서 나온 것입니다. 따라서 모양은 사람이고 동물이고 들이고 산으로 천차만별 구분된다 하더라도 전부가 부처한테서 나왔으므로 근본 성품은 조금도 변질이 없습니다. 다만 중생이 잘못 보는 것뿐입니다. 바로 보면 아무리 산이 되고 사람이 된다 하더라도 조금도 변질이 없는 것입니다.

석가모니불을 좁게 생각하면 인도에서 난 역사적인 석존(釋尊)이시고, 넓게 생각할 때는 천지우주의 모든 존재가 다 석가모니불입니다.

"다시 피(彼) 무량무변(無量無邊)의 청공심계(淸空心界)와 정만성해(淨滿性海)와 구상중생(漚相衆生)을"

맨 처음의 비로자나불을 말한 텅 비어 있는 마음의 세계와, 다음으로 노사나불을 말한 청정한 생명수가 충만한 바다와 같은 성해와, 마지막으로 석가모니불을 말한 금색 바다에서 일어나는 무수한 거품 같은 일체중생입니다.

"공(空), 성(性), 상(相) 일여(一如)의 일합상(一合相)으로 통관(通觀)하면서"

청공심계(淸空心界)의 공(空), 정만성해(淨滿性海)의 성(性), 구상중생(漚相衆生)의 상(相), 이 세 가지를 결국 하나로 통합해서 종합적으로 본다는 뜻입니다.

"삼신일불(三身一佛)인달하여 아(阿·化), 미(彌·報), 타(陀·法)불(佛)을 상념(常念)하고"

청정법신(淸淨法身), 원만보신(圓滿報身), 천백억화신(千百億化身)의 삼신(三身)이 결국은 하나의 부처님입니다. 하나의 부처인 아미타불(阿彌陀佛)의 아(阿)는 화신(化身)을 의미하고, 미(彌)는 보신(報身)을 의미하고, 타(陀)는 법신(法身)을 의미합니다. 이러한 아미타불을 항상 생각하는 것입니다.

"내외생멸상(內外生滅相)인 무수중생(無數衆生)의 무상제행(無常諸行)을"

내(內)는 자기 마음으로 생각하는 관념입니다. 외(外)는 밖으로 보이는 여러 가지 현상적인 것입니다. 이러한 내외는 나고 죽습니다. 일체 존재라는 것은 모두가 다 생사를 거듭하는 것입니다. 생사를 거듭하는 무수한 중생들의 무상한 모든 행(行)입니다.

무상(無常)이라는 뜻을 깊이 새겨야 합니다. 무상이라는 말은 그야말로 어떤 것이나 고유한 존재가 없다는 말입니다. 어떠한 존재나 어느 순간도 그대로 머물러 있는 것이 없습니다. 내 몸을 구성하는 세포나, 내가 생각하는 관념이나 모두가 변덕스럽게 움직이는 경망하기 짝이 없는 원숭이와 같습니다.

"심수만경전(心隨萬境轉)인달하여"

마음이 만 가지 경계로 뒹구는 것입니다. 사람이니 별이니 산이니 강이니 하는 모든 것은 마음이라고 하는 생명체가 인과율(因果律)에 따라서 만 가지 경계로 굴러가는 것입니다. 모든 혼란스러운 것들도 사실 마음이라고 하는 우리들의 불성 기운이 인과법을 따라서 흘러가는 것입니다. 우리 모두가 혼란의 씨앗을 심었기 때문에 다 같이 받게 되는 것입니다.

"미타(彌陀)의 일대행상(一大行相)으로 사유관찰(思惟觀察)할지니라"

미타의 미(彌)는 원만보신 노사나불, 타(陀)는 청정법신 비로자나불입니다. 법신과 보신입니다. 현상적으로 제아무리 잘되고 못되고 하는 것도, 천지가 모두 파괴돼서 텅텅 비어버리고 또 생성되고 하는 것도 모두가 미타의 일대행위(一大行爲)입니다. 이와 같은 모든 것을 미타의 행위로 생각하고 관찰해야 합니다.

우주를 하나의 생명체로 보라

그리스 시절이나 로마 때나 또는 동양의 고대라든가 바라문교나
모두 일체만유(一切萬有), 즉 모든 것에 다 신이 들어 있고
모두가 다 하나의 생명체라고 말하고 있습니다.
이러한 것들이 시대나 지역에 따라 조금씩 표현만 다를 뿐이지
사실은 모두 하나의 생명체를 말하고 있는 것입니다.

보리방편문은 우주의 모든 역사를 하나의 체계로 확실하게 묶은 것입니다. 따라서 계속 읽어보고 생각해볼수록 하나의 아미타 부처님으로 통일돼 갑니다.

우리 마음이 산란한 것은 이렇게 저렇게 자꾸 시비분별하기 때문입니다. 즉 우주의 도리가 하나의 진리로 통일이 안 될 때는 마음이 산란한 것입니다. 중생은 미처 못 보지만 공자나 석가나 예수 같은 성자는 분명히 하나로 통일시켜서 보고 있습니다. 우리도 마음을 모아 계속 집중하면 부처님이라는 하나의 것으로 통일되어 갑니다.

따라서 우주라는 것은 하나님뿐인 것이고 부처님뿐인 것입니다. 우리 중생은 그걸 못 보지만 성자는 항상 하나님하고 같이 살고 있으므로 예수도 "내가 말하는 것이 아니라 하나님이 말씀하신다."라고 합니다. 바이블을 보면 그렇게 항상 말씀하고 있습니다.

따라서 우리 일반 중생들도 비록 자기가 판단할 때라도 '부처님 차원에서는 어떻게 보일 것인가?'라는 생각을 가지고 말도 하고 행동도 해야 하는 것입니다.

파스칼(Blaise Pascal, 1623~1662) 같은 철학자는 우리 불교 철학과 굉장히 비슷한 말을 많이 했습니다. 파스칼의 철학서를 보면 마치 불경(佛經)을 보는 기분입니다. 파스칼의 말 가운데 "영원의 상(像) 위에서 현실을 관찰하라"는 말이 있습니다. 유한한 인간의 차원이 아니라, 영원의 차원에서 현실을 보라는 말입니다. 그렇게 하면 우리의 마음은 순간순간 영원에 참여하는 것입니다.

영원의 차원에서 현실을 관찰하면 결국 너와 나의 구분이 없어집니다. 우리가 땅에 붙어서 주변을 보면 시야가 좁습니다. 그래도 산중턱에 올라가면 시야가 더 넓어지고, 산봉우리까지 올라가면 사방을 다 볼 수 있습니다. 그와 같이 영원의 차원, 부처님의 차원, 하나님의 차원에서 모두를 관찰하는 것입니다.

이렇게 생각하면 세상 만물을 함부로 대할 수가 없습니다. 요즘처럼 공해가 심할 때는 내가 편하자고 아무데나 휴지를 버릴 수 없는 것이고, 환경을 오염시킬 수가 없습니다. 모두 살아 있기 때문입니다. 산도 살아 있고 물도 살아 있고 나무도 살아 있고, 다 살아서 보고 있습니다.

그러나 중생들은 겉만 봅니다. 나무가 있으면 목신(木神)이 있고, 산이 있으면 산신(山神)이 있고, 물이 있으면 용왕(龍王)이 있는 것인데, 우리 중생은 나무나 산이나 물이나 겉만 보니까 내면의 생명은 보지 못합니다.

풍수지리학을 공부하는 분들은 산이나 물을 보면서도 그 속에 용이 꿈틀대며 살아 있다고 봅니다. 그리스 시절이나 로마 때나 또는 동양의 고대라든가 바라문교(婆羅門敎, Brahmanism)나 모두 일체만유(一切萬有), 즉 모든 것에 다 신이 들어 있고 모두가 다 하나의 생명체라고 말하고 있습니다. 이러한 것들이 시대나 지역에 따라 조금씩 표현만 다를 뿐이지 사실은 모두 하나의 생명체를 말하고 있는 것입니다. 우리가 정말로 마음을 열고 보면 공자나 예수나 노자나 석가나 소크라테스 같은 분들은 다 같은 내용을 말했습니다.

과거에는 서로 문호를 세우고 벽을 높이 세우고 서로 싸웠지만, 지금 세상은 그렇게 하면 나도 괴롭고 우리 민족도 괴롭고 서로의 아집에 갇혀 마음도 항상 괴롭습니다.

타성일편(打成一片)이라는 말을 꼭 기억해야 합니다. 우주를 하나의 도리로 통일시켜버린다는 말입니다. 이런 이론도 있고 저런 논리도 있지만 모든 것을 하나의 체계로 통일시키면 마음이 대단히 편한 것입니다. 화두에도 '무(無)' 자가 있고 '이뭣고'가 있고 다양하게 많이 있지만, 결국 모두를 하나의 체계로 묶어버리기 위한 방편일 뿐입니다. 하나의 체계로 묶어버리면 우리 마음이 텅 비어서 시원스레 가벼워집니다. 하나의 체계로 묶은 다음에 진정 하나가 되기 위해서 열심히 공부하는 것입니다.

보리방편문을 잘 외우셔야 합니다. 한 번 외면 한 번 왼 만큼 '내 마음이 부처구나! 내 마음 속에는 이와 같이 무량의 공덕이 있구나!' 하는 생각이 절로 들 것입니다. 그렇게 하면 조그맣고 답답한 '나'라는 것에 옹색하게 폐쇄된 마음이 해방됩니다.

결국 불교는 자성(自性) 해탈(解脫)입니다. 해탈은 자기 마음을 해방시키는 것입니다. 물질에 얽매이고 자기에게 얽매이고 특정 관념에 얽매이고, 그러한 것을 다 파헤치고서 시원하게 풀어버리는 것이 바로 해탈입니다. 진리 속에 참다운 해방이 있습니다. 물질의 해방은 참다운 해방이 아닙니다. 돈이 많아서 이것저것 다 할 수 있는 해방은 참다운 해방이 못되는 것입니다. 그것은 도리어 물질에 얽매이는 것입니다. 다 털어버려야 합니다. 물질도 관념도 마음도, 결국 다 털어버려야만 참다운 행복과 해탈이 있습니다.

타성일편이라는 것이 그래서 중요합니다. 천지우주는 오직 마음뿐이다, 부처뿐이다, 하나의 진리로 다 되어 있다, 이런 생각을 끊이지 않게 해야 합니다.

이런 것은 모두 부처님의 말씀이고, 무수한 도인들이 다 증명하신 말씀입니다. 눈에는 보이지 않는다고 하더라도 불교는 진실불허(眞實不虛)입니다. 거짓이 있을 리가 없고, 또 무수한 성자들이 증명했던 일입니다. 확신을 갖고 믿으면 그로 인해 우리의 마음이 그만큼 승화가 되는 것입니다. "내 마음이 부처님뿐이다.", "내 본생명은 한도 끝도 없다.", "내 본생명은 모든 가능을 갖춘다.", 이렇게 한 번 정말로 믿으면 그 마음이 우리를 정화시킵니다.

그러나 우리가 이렇게 이론으로는 알았다 하더라도 이론으로만 알면 실감이 잘 나지 않습니다. 실존적으로 우주의 생명과 하나가 되기 위해서는 체험을 해야 합니다. 그렇게 하기 위해서는 출가 수행자가 되는 것도 좋은 방법입니다.

이렇게 확신을 갖고 믿으면서 그냥 부처가 되어버리면 좋겠지만, 그렇게 하기가 쉽지 않습니다. 중생들은 금생에 나와서 잘못 듣고 잘못 배우고 잘못 생각한 것들이 잠재의식에 꽉 차 있습니다. '모든 것은 물질뿐이고, 또 그것들을 물리적으로 풀이할 수 있고 현상적으로 증명할 수 있어야 믿을 수 있다.'고 생각합니다. 부처님 말씀으로는 모두가 하나의 진리라고 하지만, 이제까지 자기가 배운 지식과 고정관념이 깨달음을 가로막고 있습니다. 성자의 말이나 글을 많이 듣고 읽는다 하더라도 잘 이해가 되지 않는 것이고, 그렇다 보니 확실히는 못 믿게 되는 것입니다.

그러나 자꾸만 읽어보고 읽어보면 기존의 지식과 고정관념들이 하나씩 깨집니다. 그렇게 차근차근 다 깨부수어 완전히 법문 내용하고 하나가 되어버리면 그때는 깨닫습니다. 진실하게 공부해가다 보면 확 트여서 인후개통(咽喉開通) 획감로미(獲甘露味)입니다. 목구멍이 시원하게 확 트여서 지극히 달고 상쾌한 맛을 얻는다는 뜻입니다. 물론 도통하기까지는 아직 길이 멀지만 우선 자기 몸이나 마음이 확 트여서 막힘도 얽힘도 없게 됩니다.

처음에 공부를 하면 답답하고 꽉꽉 막히는 것이 느껴집니다만, 공부가 진전될수록 머리카락부터서 발끝까지 툭 트여 옵니다. 그런 관념은 굉장히 소중한 것입니다. 그런 관념만 가지고도 가슴이 시원하고 머리도 시원하고 눈도 시원한 것입니다. 그때는 머리가 무거워지는 일도 없고 밤새도록 눈을 뜨고 있어도 눈이 피로하지 않습니다. 인간의 생명이란 그렇게 쓰면 쓸수록 더욱 무시무시한 힘을 내는 것입니다.

그러나 우리가 안 쓰면 차근차근 무디어져서 물질에 딱 얽매여 버립니다. 물질에 얽매이면 얽매일수록 이 몸뚱이는 무거워집니다. 천근만근 무거워지니 애지중지 아끼고 치장할 수밖에 없는 것입니다.

닦아서 마음이 맑아지면 몸도 차근차근 가벼워 옵니다. 나중에는 이 몸뚱이가 어디에 있는지 없는지 분간조차 할 수 없습니다. 마치 공중에 둥둥 뜬 기분이 되는 것입니다. 정말로 번뇌의 뿌리가 뽑히면 몸이 하늘을 나는 것입니다.

석가모니 부처님 당시에나 혹은 위대한 도인들은 비행자재(飛行自在)라고, 마음대로 날아다닌다는 것입니다. 이런 말을 단순히 신화로만 들을 것이 아닙니다. 별것도 아닌 원자력 가지고도 별별 재주와 위력을 다 부리지 않습니까. 그런데 원자력보다도 더 고성능의 것이, 무한성능의 것이 불성인데 고작 날아다니는 것을 못할 리가 없습니다. 무한성능인 불성과 하나가 되었을 때는 못할 것이 없는 것이고, 이것이 부처님의 지혜입니다.

다만 갑작스럽게 되는 것은 아닙니다. 금생에 나와서 잘못 배우고 잘못 듣고 잘못 생각한 것들로 꽉 막혀 있기 때문에 하나하나 가닥을 풀어야 합니다. 나의 지식과 고정관념을 하나하나 깨부수는 단계, 이것이 곧 수행의 단계인 것이고, 수도(修道)의 위차(位次)입니다.

범부중생의 정진

난위(煖位), 정위(頂位), 인위(忍位), 세제일위(世第一位)의 네 가지가 일반 범부중생으로써 도달할 수 있는 경지, 즉 사가행범부위(四加行凡夫位)입니다.

중생들이 금생 번뇌뿐만이 아니라 과거 무수 생의 번뇌를 지니고 있기 때문에 그에 맞는 여러 가지 수행법이 있습니다. 그 단계가 워낙 복잡해서 『능엄경(楞嚴經)』을 처음 보는 사람들은 무엇이 무엇인지 갈피를 잡지 못할 정도입니다.

그러나 그 가운데서 가장 쉬운 것이 '유식(唯識) 5위(位)'입니다. 유식, 즉 오로지 식뿐이라는 것은 유심(唯心), 즉 오직 마음뿐이라는 말과 같은 뜻입니다. 우주는 오직 마음, 식뿐입니다. 중생은 겉만 보니까 마음을 보지 못하고 물질만을 보지만, 그것은 사실 있지가 않은 것입니다.

색즉공(色卽空)이라는 것을 자꾸 생각해야 합니다. 물질이 바로 공이라는 것을 화두로 삼아 물질이 공이라는 것을 깨우쳐야 합니다. 물질은 바로 공입니다. 분석한 뒤에 공이 아니라, 그냥 바로 공입니다. 우리가 물질을 쪼개고 쪼개서 공이 아니라 바로 공인데 이런 것을 잘 보지 못합니다.

사실 물질은 없는 것입니다. 마음이 움직이고 진동해서 모양만 보일 뿐입니다. 횃불을 돌리면 잔상이 남아 둥그렇게 불 바퀴가 보이듯이 물질도 그와 마찬가지입니다.

자량위

노자(老子)가 말한 바와 같이 우리의 인생은 결국 머나먼 나그네길입니다. 우리는 지금 성불이라고 하는 멀고 먼 고향 길을 가기 위해 여행을 하고 있는 것입니다. 가는 중간에야 미끄러지고 넘어지기도 하겠지만 결국 성불을 향해 나아가야 합니다.

그런데 우리가 마음의 고향인 성불로 가려면 그에 해당하는 준비가 필요합니다. 성불의 준비를 하는 단계가 바로 자량위(資糧位)입니다. 다시 말하자면 여러 가지 자량, 즉 성불에 이르는 재료를 준비한다는 말입니다. 참선도 해보고, 염불도 해보고, 경(經)도 읽고, 고행도 해보고, 단식도 해보면서 성불에 이르는 여러 가지 방법 중 자기한테 맞는 행법을 찾아 공부합니다. 부처님 법문을 확실히 믿고 그렇게 되고자 애써야 합니다. 정말로 '나' 라는 것도 허망하고, '너' 라는 것도 허망하고, 물질도 허망하고⋯ 허망하다는 것을 자꾸만 생각하면서 책도 읽고, 명상도 하고, 염불도 애쓰고 해야 합니다.

이렇게 하다 보면 같은 사람이지만 범부(凡夫)보다는 좀 앞서 나가게 됩니다. 그때는 삼현위(三賢位)에 이릅니다. 현자(賢者)의 자리입니다.

성자(聖者)는 굳이 억제하려고 하지 않아도 자기가 하는 모든 행동이 법도에 딱 맞는 것입니다. 그에 비해 현자(賢者)는 자신의 행동이 법도에 맞도록 애쓰고 법도를 지키려고 합니다. 현자는 욕심(慾心)도 누를 수가 있고, 진심(嗔心)도 누를 수가 있습니다. 나쁜 마음도 억눌러서 나쁜 짓을 하지 않고, 비록 성자는 못 된다 하더라도 죄를 범하지 않으려 애쓰고 행하는 것입니다. 범부(凡夫)는 욕심이 나면 나는 대로, 화가 나면 나는 대로 억제를 못합니다.

가행위

'내가 이래서는 안 되겠구나, 내가 집에서만 공부를 해서는 잘 안 되겠구나. 사흘이고 일주일이고 오로지 공부만 해야 되겠다.' 라고 결심하고 오로지 공부만 하는 것이 가행위(加行位)입니다. 가행정진(加行精進)이라고도 합니다.

이때는 법문도 확실히 알고, 천지우주는 본래 청정한 눈으로 보면 모두가 하나의 불성이라[打成一片]는 확신이 섭니다. 그러면 그때는 결단을 하게 됩니다. 사흘이고 일주일이고 삼칠일(21일)이고 공부에만 애쓰고 오로지 밀어붙이는 것입니다.

하다 말다 하다 말다 하는 것은 그저 일상생활밖에 못됩니다. 이렇게 쉬엄쉬엄 공부하면 우리가 본래 부처지만 불심(佛心)하고 하나가 되지 못합니다. 이따금씩 불심을 생각하면 어디론가 간 곳 없이 사라져 버립니다. 이따금씩 떠오르는 불심을 잘 붙들어 매기 위해서는 오로지 공부를 해야 합니다. 보통은 사흘, 일주일 또는 삼칠일 또는 49일 동안 그렇게 공부만 합니다.

출가 수행자는 1년 동안에 두 번, 3개월씩 그렇게 공부를 합니다. 더 하는 사람들은 3년 동안 산문(山門) 밖을 안 나가고 정진만 합니다. 그렇게 하다보면 아무리 둔한 사람도 부처님과 가까워질 수밖에 없습니다. 매일같이 며칠이고 몇 개월이고 몇 년이고 부처님을 생각하는데 가까워지지 않고는 배겨낼 수가 없습니다.

이렇게 오로지 공부만 하다 보면 몸과 마음이 시원해집니다. 마치 전류에 감전된 것같이 전신이 시원해지는 것입니다. 이런 것을 알게 되면 우리 몸이 좀 피곤해도 부처님 생각만 하면 피로가 순식간에 싹 가시게 됩니다.

여기서 더 공부를 하면 가행위 중의 첫 번째 단계인 난법(煖法)에 이릅니다. 이런 지경은 공부를 했다 말았다 하면 이르지 못합니다. 오랫동안 정진을 해야 합니다. 출가해서 승복을 입었다 하더라도 정진하는 정도가 미치지 못한다거나 업장관계(業障關係)가 복잡하다든가 환경이 나쁘다거나 하면 몇 년 동안 공부를 계속한다 하더라도 이런 경계를 맛보지 못하는 사람도 간혹 있습니다.

그런데 거기서도 쉬지 않고 더욱 정진하면 가행위의 두 번째 단계인 정위(頂位)에 이릅니다. 이때는 욕심이 차근차근 줄어옵니다. 욕계(欲界)에서는 꼭대기까지 올라온 것입니다. 욕심의 꼭대기가 아니라, 욕심을 떠나는 마지막 끄트머리 단계에 다다른 것입니다. 이때는 누가 좋은 물건을 사용해도 별로 갖고 싶지 않고, 음식도 먹으나 마나 배가 고프다는 것을 잘 모릅니다. 몸도 시원하고 마음도 시원하게 트여오기 때문에 물질이나 음식이 별로 생각나지 않습니다.

이러한 때는 몸과 마음이 시원해 옴과 동시에 어렴풋이 광명이 비쳐 옵니다. 아주 맑은 달[心月]이 커졌다가 작아지고 하는 느낌입니다. 그러면 마치 천지우주의 모든 기운이 자기 몸을 향해서 오는듯한 기분이 듭니다. 그러면 원래 자기가 쓰던 힘을 훨씬 넘어서서 쓸 수 있게 되어 남이 보기에는 갑자기 힘이 늘어난 것처럼 보이기도 합니다.

여기서 쉬지 않고 더 나아가면 인법(忍法)이라, 가행위의 세 번째 단계에 이릅니다. 인법까지 올라오면 공부를 잠시 놓아도 큰 후퇴가 없습니다. 정법까지는 애쓰고 하던 참선이나 기도를 놓아버리면 공부가 후퇴해버리지만, 인법의 단계에 이르면 이미 공부를 너무나 많이 해보았기 때문에 공부가 습관이 되어 잠시 공부를 놓아도 별로 후퇴가 없습니다.

인법의 경지에 들어서면 정법에서 보았던 맑은 달의 광명기운이 더 커지고 줄어들고를 반복하면서 우주에 꽉 들어차버리는 기분이 생깁니다.

여기에서 또 쉬지 않고 나아가면 그때는 하나의 달빛, 즉 심월광명(心月光明)이 점점 커져 그야말로 금색광명(金色光明)이 트여 오는 것 같습니다. 그런 광명을 보게 되는 단계를 가리켜서 세제일법(世第一法)이라고 합니다. 가행위 중에서는 가장 높은 경지로, 아직 성자(聖者)는 되지 못했다 하더라도 인간 세상에서는 가장 높은 경지입니다. 공자나 맹자같은 분들이 이런 단계에 올라 있습니다. 현자(賢者) 중의 현자인 셈입니다.

이 모든 단계를 넘어서 우주가 확 열려서 천지우주가 부처님의 광명으로 가득 차버려야 진정한 견성오도(見性悟道)입니다. 교만한 사람들은 마음이 조금 열리면 거짓말로 견성오도를 했다고 하는 분도 있습니다. 그러나 정말로 견성오도 자리라고 하면 천지우주의 광명이 느껴지고 별이고 달이고 할 것 없이 천지우주가 광명 속으로 다 들어가버리는 것입니다[光吞萬象].

이렇게 되는 것이 결국 성자가 가는 길입니다. 우리 인간은 여기에까지 가야 비로소 '내 고향에 왔구나' 하는 마음으로 안심입명(安心立命)이 되는 것입니다. 여기까지 오지 않고서는 항상 마음이 불안스러운 것입니다.

난위(煖位), 정위(頂位), 인위(忍位), 세제일위(世第一位)의 네 가지가 일반 범부중생으로써 도달할 수 있는 경지, 즉 사가행범부위(四加行凡夫位)입니다.

참다운 인격의 완성

구경위(究竟位)입니다.
그때는 금생에 지은 번뇌 또는 과거 전생으로부터 잠재의식에 묻어온 번뇌를 다 뿌리뽑아서 참 우주의 본바탕인 불성과 하나로 일치됩니다.
그러면 그것이 정각성불(正覺成佛)입니다. 이것이 바로 인격의 완성입니다.

통달위

사가행범부위를 지나서도 계율을 지키고 음식도 함부로 먹지 않는 등 공부를 계속 잡고 나아가면 그때는 순간 찰나에 천지우주가 광명으로 뒤덮이며 통달위(通達位)에 이릅니다. 이때는 실제로 경(經)은 별로 배우지 않았더라도 경을 보면 거침없이 쭉쭉 다 알아버리게 됩니다. 이런 단계가 말하자면 견성오도입니다.

천지우주가 오직 불성뿐이라는 것을 깨우치고, 불성뿐인 그 자리에 딱 안주(安住)해서, 불성을 확실히 보는 것입니다. 이때는 광탄만상(光吞萬象)이라, 불성광명이 온 우주를 다 삼켜버립니다.

그러나 여기까지 왔다고 하더라도 공부가 끝나는 것은 아닙니다. 여기까지 와서도 아직 인간의 번뇌와 습기(習氣)의 뿌리가 남아 있습니다. 금생의 습기, 즉 금생에 잘못 듣고, 잘못 배우고, 잘못 생각하고, 잘못 느낀 것은 다 사라져버렸다 하더라도, 아직 과거 전생에 지은 업이 남아 있습니다.

인간은 과거에 낳고 죽고 낳고 죽고 무수한 삶과 죽음을 반복해서 금생에 이른 것입니다. 과거 전생에 사람을 죽이기도 하고, 남을 배신하기도 하고, 동물을 도륙하기도 했던 모든 것들이 잠재의식에는 다 들어 있습니다. 석가모니 같은 분도 과거 전생에는 배신도 하고 살생도 많이 했습니다. 전생에는 누구나 개도 되었다가 소도 되었다가 하면서 지내왔습니다.

우리가 금생에 나와서 지은 번뇌는 견성오도와 더불어서 다 사라진다 하더라도, 과거 전생에 지은 번뇌는 아직 남아 있습니다. 그것을 차근차근 빼내야 합니다. 그 뿌리를 빼내지 못하면 우리가 원래 갖추고 있는 불성의 공덕을 온전히 발휘할 수가 없습니다. 우리 불성에는 시공을 초월하여 일체의 사물을 속속들이 들여다볼 수 있는 천안통(天眼通)도 할 수 있고, 하늘을 날 수도 있는 온갖 재주가 다 들어 있지만, 번뇌의 종자가 남아 있으면 그런 재주를 못 부립니다. 번뇌의 뿌리 때문에 불성에 들어 있는 무한한 공덕을 발휘하지 못하는 것입니다.

불경을 보면 우리한테 있는 욕심의 뿌리만 다 뽑아도 우리 몸이 하늘을 날 수가 있다고 했습니다. 이러한 말을 신화로만 알아서는 안 됩니다. 우리 몸은 원래 무게가 없습니다. 공부를 해보면 몸과 마음이 차근차근 가벼워집니다. 이것만 본다 하더라도 정말로 견성오도 하여 욕심의 뿌리가 뽑혀지면 육신 그대로 등천(登天)할 수 있는 것입니다. 인력이니 중력이니 하는 것은 중생 차원에서 있다고 보는 것이지, 영원적인 순수 생명 에너지 차원에서는 이런 것이 존재하지 않습니다.

수습위

번뇌의 종자를 뽑아버리는 단계가 수습위(修習位)입니다. 통달위에서 차근차근 더 닦아 가면 그때는 불성이 직접 보이니까 불성만 뚫어지게 보고 있으면 됩니다. 아미타불이나 관세음보살이나 특별히 무엇을 잡고 있지 않다고 해도 불성이 보이니까 그저 그 자리만 보고 있어도 공부가 나아가는 것입니다.

이렇게 해서 오랫동안 있으면 마치 흐린 물이 시간이 지나면서 앙금이 가라앉고 투명하게 바닥이 보이듯이, 무수생(無數生)에 걸친 혼탁한 숙업(宿業)들이 모두 녹아갑니다. 견성오도를 한 다음에는 가만히 정(定)에만 들어가도 전생의 업이 사라져가는 것입니다.

이렇게 해서 올라가기 시작하면 2지(地), 3지(地), 4지(地)… 그렇게 하여 10지(地)에 올라가면 그야말로 불지(佛地)입니다. 올라가서 전생의 번뇌가 모두 소진되어버리면 그야말로 석가모니 같은 성불이 됩니다. 원효스님 같은 분은 견성오도한 뒤에 8지까지 올라갔다고 하고, 서산스님 같은 분은 4지까지 올라갔다고 합니다. 일본의 공해스님 같은 분은 3지에 올라갔다는 말도 있습니다.

견성오도도 중요하지만 보임수행(保任修行)도 중요합니다. 견성오도를 한 후에 견성오도한 그 자리를 소중히 지켜내는 것도 중요하다는 말입니다.

불성을 봤다고 해서 함부로 행동하면 더 앞으로 못 나아갑니다. 교만이라는 것이 대단히 큰 장애물입니다. 사람은 조금 알게 되면 마치 다 아는 양 그걸 좀 풀어먹으려 하고, 견성오도의 경지에서 확 트여서 환희심이 충만해지는 것을 느끼면 우쭐해버립니다. 이렇게 되면 공부는 거기에서 더 나아가지 못하는 것입니다. 부처님에 비하면 아직도 멀었는데, 신통묘지(神通妙智)를 다해야만이 참다운 깨달음인데, 광명은 약간 봤다고 하더라도 아직은 참된 광명 기운을 못 쓰는 것입니다. 불성이 갖추고 있는 무한한 힘을 못 쓴다는 말입니다.

교만심도 문제지만 주변에서 도인들을 가만히 놔두지 않습니다. 자꾸만 사람 만나고 얘기하면 힘이 빠져버리고 이제 시간이 더 없어 못 나가고 마는 것입니다. 그러니까 공부에 깊이 들어간 스님들이 인연을 자꾸 피합니다. 중봉스님은 배에 가서 피하고 산에 가서 피하곤 했습니다.

이렇게 해서 견성오도한 뒤에도 그 자리를 잘 지키려고 노력해야 합니다. 먹는 것도 계속 조심하고 행동도 조심하면서 계행(戒行)도 더 잘 지켜야 합니다. 깨달음을 얻은 도인(道人)이라고 해서 함부로 먹고 함부로 행동하면 결국 깊은 삼매(三昧)에는 못 들어갑니다. 그러면 번뇌의 뿌리 깊은 종자를 차근차근 녹여갈 수가 없습니다.

그리고 자비심이 많은 분들은 중생들을 교화하려는 마음에 자기 공부를 더 못 잡습니다. 견성한 도인도 자비심이 너무 많으면 중생들을 가르치기 위해 더 못 올라가는 것입니다. 그러나 성정이 굳고 지혜가 수승한 사람들은 '중생이 겉으로 보아서나 중생이지 바로 보면 부처가 아닌가. 내 공부가 더 올라가야 하겠구나.' 이렇게 생각하고 자기 공부를 더 갈고 닦습니다.

 구경위

수습위에서 더 올라가면 구경위(究竟位)입니다. 그때는 금생에 지

은 번뇌 또는 과거 전생으로부터 법문(法門)과 더불어 잠재의식에 묻어온 번뇌를 다 뿌리뽑아서 참 우주의 본바탕인 불성과 하나로 일치됩니다. 그러면 그것이 정각성불(正覺成佛)입니다. 이것이 바로 인격의 완성입니다.

이렇게 해서 범부가 인격의 가장 최고봉까지 가는, 성불에 이르는 수행의 모든 단계를 말한 것입니다.

요가법을 보나 바라문 경을 보나 요한 복음서를 보나 마태 복음서를 보나, 또는 공자의 논어를 보나 노자의 도덕경을 보나, 또 어떤 다른 경전을 보나, 우리 중생이 우주와 하나로 해서 구경지(究竟地)까지 인격 완성의 절차를 완벽한 체계로 말한 법문은 없습니다. 수도의 위차를 명확히 밝힌 법문은 없다는 말입니다.

그러므로 이 수도의 위차를 외워두면 금생에서는 이루기 어렵다고 해도 목표만은 뚜렷이 세울 수가 있습니다. 목표를 세워 놓으면 그만큼 인생이라는 고해(苦海)를 건너기가 쉽습니다. 마치 프로메테우스(Prometheus)가 코카사스(Caucasus) 바위 위에 혼자 있다 하더라도 하느님을 믿으므로 희망을 얻을 수 있듯이, 인간이 제아무리 어려운 구렁에 든다 하더라도 죽지 않는 불성, 오염되지 않는 불성, 때 묻지 않는 불성을 생각하면 자기 위안이 생기고 행복의 미소를 지을 수가 있는 것입니다.

수도의 위차

유식오위 唯識五位 유식론唯識論	해탈십육지 解脫十六地 금강심론金剛心論	구차제정 九次第定 지도론智度論	오십육위사만성불위 五十六位四滿成佛位 수능엄경首楞嚴經	보살승십지 菩薩乘十地 화엄경華嚴經

一. 자량위資糧位
  삼주十住
  십행十行
  십회향十廻向
	初. 삼귀지三歸地
	二. 신원지信願地
	三. 습인지習忍地
		황혼천지몽상
		黃昏天地夢想(牛毛塵)
		칠색전진
		七色前塵(羊毛塵)		

二. 가행위加行位	四. 가행지加行地	명득정명得定 -식광현識光發現(兎毛塵) 명증정明增定 -십월현전心月現前(水塵) 인순정印順定 -심일광염자재 心日曠炎自在(火塵) 무간정無間定 -심일현전心日現前(金塵)	난위煖位 ─┐ 정위頂位　 │ 사 四 　　　　　 │ 가 加 인위忍位　 │ 행 行 　　　　　 │ 범 凡 세제일위　│ 부 夫 世第一位 ─┘ 위 位	

범
부
위

180

		①초선初禪 ②이선二禪 ③삼선三禪 ④사선四禪	初.신.주.행.지.회향 信.住.行.地.廻向	初.환희지歡喜地
		⑤공무변처정 空無邊處定 ⑥식무변처정 識無邊處定 ⑦무소유처정 無所有處定 ⑧비상비비상처정 非想非非想處定	二.信住行地廻向 ─ 삼현위三賢位	二.이구지離垢地
	五. 금강지金剛地 六. 희락지喜樂地	⑨멸진정滅盡定 (수음멸진受陰滅盡)	三.信住行地廻向	三.발광지發光地
三. 통달위通達位 四. 수습위修習位 (十地)	七. 이구지離垢地	(상음멸진想陰滅盡)	四.信住行地廻向 …입성위入聖位	四.염혜지焰慧地
	八. 발광지發光地		五.信住行地廻向 ─ 육성위六聖位	五.난승지難勝地
	九. 정진지精進地		六.信住行地廻向	六.현전지現前地
	十. 선정지禪定地		七.信住行地廻向	七.원행지遠行地
	十一. 현전지現前地	(행음멸진行陰滅盡)	八.信住行地廻向	八.부동지不動地
	十二. 나한지羅漢地		九.信住行地廻向	九.선혜지善慧地
	十三. 지불지支佛地		十.信住行地廻向 …등각等覺	十.법운지法雲地
	十四. 보살지菩薩地	(식음멸진識陰滅盡)		
	十五. 유여지有餘地			
五. 구경위究竟位	十六. 무여지無餘地		묘각妙覺	

성인위

아홉 단계의 근본선정

멸진정(滅盡定)입니다.
번뇌의 찌꺼기를 다 녹여버리는 것입니다.
비상비비상처까지는 아직 번뇌의 찌꺼기가 조금 남아 있습니다만
올라갈수록 차근차근 번뇌가 녹아 없어져 모든 구분이 완전히 사라집니다.

정각성불에 이르는 참선의 과정을 이야기하는 것도 여러 가지 학설이 많이 있습니다. 그러나 석가모니 부처님께서 보리수 밑에서 몸소 행하시고, 49년의 설법을 하신 후 열반에 드실 때 우리한테 보여주신 과정이 있습니다. 그리고 근본 경전인 『아함경(阿含經)』에서 몇십 번 역설한 법문도 있습니다. 이에 따르면 참선의 단계는 아홉 가지로 나눕니다. 이것이 바로 근본선(根本禪)인 구차제정(九次第定)입니다.

우선 초선정(初禪定)·이선정(二禪定)·삼선정(三禪定)·사선정(四

禪定)이 있습니다.

사가행범부위의 가행위를 지나면 견성오도의 단계로 들어서게 됩니다. 이것을 선정(禪定)의 단계로 이야기하면 초선정입니다. 초선정에 들어가야 견성오도로 들어갈 수 있다는 것입니다. 초선정에서는 거추장스러운 분별이 다 끊어지고 세밀한 분별만 남습니다.

그 다음이 이선정입니다. 여기에 올라가면 세밀한 분별까지도 다 끊어지고 오직 하나의 마음자리만 지킵니다. 우리 중생은 몸도 다르고 몸 따라서 마음도 달라져 서로 의견이 다르다고 티격태격하지만 사실은 올라가면 올라갈수록 차근차근 같아지게 됩니다. 점점 올라갈수록 우리 중생의 몸이 아니라 광명신(光明身), 즉 광명몸이 됩니다. 몸 자체가 광명이기 때문에 그때는 몸뚱이 때문에 서로 싸울 필요가 없습니다. 음식도 먹고 싶으면 생각만 해도 배가 부르니까 서로 좋은 것 많이 먹겠다고 다툴 필요도 없습니다.

광명몸이라도 그 빛의 정도에는 차이가 있습니다. 오로지 한 마음과 한 광명이 되는 때가 바로 삼선정입니다. 광도의 차이가 없이 순수광명인 동시에 마음도 같아집니다. 그러나 아직 부처의 지위에 오르지는 못하고 있습니다.

그러다가 사선정에 오르면 어떠한 경우에도 마음이 조금도 동요가 없습니다.

이렇게 되어 가다가 우주가 텅 비어서 하나의 순수 광명이 됩니다. 질료가 있는 광명이 아니라, 그야말로 참으로 텅 비어 있는 순수광명의 경지가 바로 공무변처정(空無邊處定)입니다.

그뿐만 아니라 이제 식(識)입니다. 하나의 마음이 우주에 충만해 보이는 경지인 식무변처정(識無邊處定)으로 갑니다. 온 우주에 식이 충만해 있는 것이고, 또한 동시에 무소유처정(無所有處定)입니다. 그때는 이것이고 저것이고 구분도 없고 구분할 수도 없습니다. 원융무애(圓融無碍)이고 혼연일체(渾然一體)라 구분할 수가 없습니다.

여기서 더 나아가면 비상비비상처(非想非非想處)입니다. 생각이 있을 것도 없고 또 없을 것도 없단 말입니다. 우리 중생이 느끼는 번뇌를 비롯한 각양각색의 생각이 조금도 없고, 아주 맑고 미세한 생각만 조금 있다는 것입니다.

이렇게 되어 가다가 멸진정(滅盡定)입니다. 번뇌의 찌꺼기를 다 녹여버리는 것입니다. 비상비비상처까지는 아직 번뇌의 찌꺼기가 조금 남아 있습니다만, 올라갈수록 차근차근 번뇌가 녹아져서 저 위에 가면 그때는 이생위(離生位)라, 너와 나의 차이, 또는 사물과 나와의 차이가 전혀 없이, 일체 존재 모두가 다 하나의 불성으로 해서 완전히 통일이 되어버리는 것입니다. 이렇게 되어야 비로소 참다운 정각성불이 되는 것입니다.

하나의 진리

역사적으로 위대한 도인들은 절대로 한 법에 치우치지 않았습니다. 천지우주가 다 불성이고 부처님 법이 모두가 다 성불하는 법이거니 어떻게 하나만 옳고 다른 것은 그르다고 하겠습니까.

불교는 경전이나 법문이 대단히 많습니다. 그렇다보니 경(經)에 따라서 참선하는 방법들도 매우 다양합니다. 그래도 이 중에서 가장 중요한 것을 꼽는다면 보조국사 어록에도 나오는 돈오점수(頓悟漸修)와 정혜쌍수(定慧雙修)입니다.

돈오(頓悟)는 문득 깨닫는다는 것입니다. 문득 무엇을 깨달을 것인가. 천지우주가 하나의 진리로 통일되어 있다는 것을 깨닫는 것입니다. 중생의 입장에서 '본다'고 생각할 때는 천 갈래, 만 갈래 구분이 있겠지만, 모두가 하나의 진리로 통일이 되어 있습니다. 이것을 가리켜서 돈오라고 하는 것입니다.

그중에는 돈오를 이보다 더 높은 차원으로 보는 분도 있고, 그 논쟁도 심합니다. 그래도 우선 역사적으로 보면 보조국사가 말한 것은 체(體)와 용(用), 성(性)과 상(相)이 둘이 아니고, 색즉공(色卽空) 공즉색(空卽色)이라는 것입니다. 천지우주 모두를 하나의 진리와 하나의 체계로 묶어버리는 것입니다.

점수(漸修)는 그와 같은 진리를 체험하기 위해 차츰 수행하여 올라가는 것을 뜻합니다. 하나의 진리를 깨우쳤다 하더라도 이론적으로 된 것이지 아직 체험을 했다고 볼 수는 없으므로, 그같은 진리의 실체를 체험하기 위해 수행을 계속하는 것이 점수입니다.

돈오점수를 하는 것도 몇 가지 방법이 있습니다. 우선 마음자리를 고요히 묵조(默照)하는 방법과, 관조(觀照)를 주로 하는 관법(觀法)이 있습니다. 관조를 하는 선법(禪法)은 조계종(曹溪宗)이나 임제종(臨濟宗)에서 주로 합니다. 원불교(圓佛敎)나 일본의 조동종(曹洞宗)에서는 묵조선(默照禪)을 합니다.

묵조선은 잠자코 무념무상으로 비추어보는 것입니다. '모두가 본래 부처인데 새삼스럽게 의심할 필요가 있는가. 천지우주가 부처인 줄을 알았으면 그 자리를 지키고 가만히 묵조하면 되는 것이지, 새삼스럽게 의심할 것인가. 가만히 있으면 흐린 물의 탁한 것이 밑으로 가라앉아 맑아지듯이, 그렇게 조용히 묵조하면 부처가 될 것인데, 의심을 하면 괜히 마음만 흐트러뜨려 더욱 귀찮은 일이 아닌가.' 라고 생각하는 것입니다. 우리가 본래 부처이거니, 가만히 있으면 부처가 되어 간다는 것입니다.

중국의 송나라 때도 문제를 들고 의심을 하는 화두 선법이 있었고, 그와 대립하여 묵조하는 선법도 같이 있었습니다.

이렇듯 깨우치는 방법에는 여러 갈래가 있는 것인데, 많은 사람들이 자기 문중에서 하는 선법이 더 좋은 것이라고 주장합니다.

행법(行法)이라는 것이 결국은 모두 성불하기 위한 법이기 때문에, 자기가 어떤 행법을 하면 어떤 식으로든 거기에서 즐거움을 느끼게 됩니다. 화두도 하다보면 마음이 모아지고 개운해지면서 공부가 되고 재미가 붙습니다. 여기까지라면 별 상관이 없겠지만, 자기가 하는 수행법에 재미가 붙으면 자기 공부만 맞는 것이고 다른 방법은 별것이 아니라고 폄하기가 쉽습니다.

일본 조동종은 묵조라, 잠자코 무념무상하는 종파입니다. 조동종은 묵조만 하는데도 그 규모가 굉장히 큽니다. 종파는 하나지만 불교대학이 몇 개나 있습니다.

그리고 또 한 종파는 화두를 하되 우리 생활과 상관이 없는 엉뚱한 말이나 또 옛날에 그때그때 쏘아버린 말로 화두를 할 것이 아니라,

기왕이면 부처님 명호를 가지고 화두를 합니다. 이렇게 아미타불이나 관세음보살 같은 부처님 명호를 화두로 하는 종파를 염불참선이라고 합니다.

한국도 서산대사, 사명대사, 진묵대사, 태고대사, 나옹대사, 연기대사 같은 분들은 화두보다 염불을 더 많이 말씀했습니다.

그런데 이거나 저거나, 부처님이나 도인들이 말씀하신 법문들은 모두 성불하는 법이기 때문에 어떤 것이든 하나를 잡아서 애쓰고 하면 공부가 됩니다. 그 방법이 주문이든 염불이든 다 공부가 되는 것인데, 자기가 한 가지만 열심히 하고는 그것만 옳다고 고집하면 하나의 종파가 생기게 됩니다.

역사적으로 위대한 도인들은 절대로 한 법에 치우치지 않았습니다. 천지우주가 다 불성이고 부처님 법이 모두가 다 성불하는 법이거니 어떻게 하나만 옳고 다른 것은 그르다고 하겠습니까.

참선이라는 것은 우리 마음을 본래의 자리, 본래 본체 자리에 머물게 하는 것입니다.

그런데 참선이라고 하면 왠지 고차원적인 수행을 하는 사람들같고, 염불은 잘 모르는 사람들이 하는 것으로 생각하는 사람들이 있습니다. 그러나 절대 그렇지 않습니다. 참선이라고 한다 하더라도 괜히 현상적이고 상대적인 문제만 따지고 있으면 선(禪)이 될 수 없습니다. 본체를 떠나버리면 무슨 선이 되겠습니까.

선시불심(禪是佛心)이요, 교시불어(敎是佛語)라는 말이 있습니다. 선은 부처의 마음이요, 교는 부처의 말이라는 뜻입니다. 선가귀감(禪家龜鑑)이나 여러 경전에서 말하듯이 우리 마음이 진리를 갖추고 있는 본체 자리, 본래면목 자리를 여의지만 않으면 그때는 다 선이 되는 것입니다.

그러나 무(無)자 화두를 들든 이뭣고 화두를 들든 본래면목 자리를 떠나버리면 그건 선이 아닙니다. 그때는 선이 될 수가 없습니다. 6조 스님의 『육조단경』을 보면 바로 알 수 있습니다.

위대한 도인들은 절대로 한 법에 치우친 적이 없는데, 우리 중생은 한쪽 면만 보는 독선적인 안목을 가지고 꼭 자기 방식만 옳다고 합니다. 전부를 본다고 생각할 때는 그렇게 치우칠 필요가 없습니다.

서산대사도 참선에 대한 귀감으로 선가귀감을 내놓고, 또 도교에 대한 것을 적어 도가귀감도 내고, 유교에 대한 것도 유가귀감이라고 해서 내놓았습니다. 어떤 도인들이라도 그 시대의 종교나 철학을 다 통달해서 당시의 철학이고 종교를 모두 하나의 체계로 묶으려고 노력했습니다. 부처님 사상은 어느 누구나 무슨 주의나 모두가 근본에서 보면 하나라는 것입니다. 동일률(同一律) 동일철학((同一哲學)을 가져야만이 하나로 묶을 수가 있습니다.

도량이 좁은 사람들이 꼭 자기가 하는 것만을 고집합니다. 우리 공부도 하나에만 치우쳐 놓으면 결국 이루지 못하고 소리만 요란한 것입니다.

서울에서 나무호랭게교의 여자 포교사들이 오신 적이 있었는데, 일연스님이 교주로 있습니다. 그 포고하는 분들은 일연스님을 석가모니 부처님보다도 더 앞서 있는 분이라고 믿고 있습니다. 석가모니뿐만이 아니라 그 뒤에 나온 도인들도 다 아무것도 아니고 일연대사만이 가장 위대하다는 것입니다. 일본에서는 일연종이 큰 세력을 잡고 있지만, 일연대사라고 하는 한 사람의 주장에 얽매여 있습니다. 우리 불교라는 것은 훨씬 더 광대무변한 것입니다.

8.15 해방 후에 우리 조계종도 보다 넓게 문호를 개방했으면 한국불교의 종파가 20여 개나 될 리가 없습니다. 꼭 화두 아니면 선(禪)이 아니라는 식으로 자기 문중만 옳다고 꽉 막혀서 고집을 부리다 보니까 그 범주에 못 들어가는 사람들은 다른 종파를 세울 수밖에 없는 것입니다. 자기 고집 부리는 것만으로도 부족해서 자기들과 맞지 않으면 설사 부처님 말씀이라 하더라도 배격을 합니다.

현대사회는 자기 안에 갇혀 고집을 부릴 때가 아닙니다. 불법도 다 열어버려서 불교의 화합을 이루는 것도 중요하고, 다른 종교를 인정하는 것도 중요합니다. 지구상의 기독교도가 20억 인구입니다. 이슬

람교도 거의 10억 인구입니다. 아무런 근거도 없는 것을 세계적으로 수십 억의 인구가 믿는다고 생각할 수는 없는 것입니다. 길이 아니면 그 수많은 사람들이 믿을 수가 없습니다.

기독교를 비방하고 싶은 분들은 바이블도 한 번 연구를 해봐야 합니다. 저는 바이블을 여러 번 읽었습니다만, 요한복음서나 마태복음서나 누가복음서나, 중요한 대목을 놓고 보면 불교와 차이가 없습니다. 상징적인 비유에 차이가 있을 뿐, 근본정신은 비슷한 것입니다. 이웃을 사랑하고 원수를 사랑하라는 정신, 중생을 위해서 십자가에 못 박혀 희생한 정신은 모두가 다 같습니다.

어떤 누구도 남을 심판할 수는 없습니다. 우리는 다 같은 공업(共業) 중생입니다. 도둑이나 강도만 죄를 짓는 것이 아니라, 우리가 다 같이 짓고 있습니다. 중중무진(重重無盡)이라, 돌멩이 하나 움직이는 것도, 누가 어깨를 한 번 드는 것도, 내가 듣는 것이나 말하는 것 모두에 천지우주가 다 관여하는 것입니다. 모두가 하나의 관계로 얽혀 있습니다.

미운 사람 예쁜 사람이 따로 있는 것이 아니고, 죄 지은 사람과 결백한 사람이 따로 있는 것이 아닙니다. 우리의 말 하나, 행동 하나, 표정 하나가 진리에 맞지 않기 때문에, 그런 것들이 쌓여서 사회적으로 범죄도 늘어나고 전쟁도 일어나는 것입니다.

모든 사람을 부처로 보라

난리를 넘는 가장 슬기로운 지혜가 무엇인가 하면
모든 사람을 다 부처같이 보는 것입니다.
자비와 덕망이 난리를 이기는 가장 큰 보배입니다.

　　　　　　우리 생명의 길은, 우리가 가야할 길은, 우리 마음의 고향 길은 명명백백히 무수한 성자들이 다 증명한 길입니다. 이렇게 이 길을 향해서 일로매진(一路邁進)해야 합니다.

　재가 불자님이라 하시더라도 무슨 일을 하시든지 주변 사람을 부처님처럼 대하면 일이 술술 잘 풀려나갑니다. 사업을 할 때도 직원들을 부처님같이 대해 보면 압니다. 얼마나 잘 따르고 일을 잘하는지 모릅니다. 6.25사변 때, 사람들이 서로 죽이고 죽고 할 때도 저는 애쓰고 부처같이 보려고 했습니다. 그래서인지 이상스럽게 위험한 고비를 잘 넘겼습니다.

　난리를 넘는 가장 슬기로운 지혜가 무엇인가 하면, 모든 사람을 다 부처같이 보는 것입니다. 자비와 덕망이 난리를 이기는 가장 큰 보배입니다. 누군가를 간호하거나 도와줘야 한다고 하면 그 상대를 부처로 보아야 하는 것입니다. 그렇게 되면 보다 더 정성스럽게 보게 되는 것이고, 우리 식(識)의 파장이 우수하고 강력한 파장이 됩니다. "오, 부처님!"이라고 생각하고 부르는 그때 우리 몸과 마음은 굉장히 정화가 되는 것입니다. 상대를 부처같이 간절히 보는 그 마음이 바로 나를 정화시키는 것이고, 동시에 상대편의 마음도 정화시키는 것입니다.

　좋은 아버지, 좋은 어머니, 좋은 스승, 좋은 정치인이 되기 위해서라도 부처님 도리, 우주와 인생의 도리를 하나의 마음으로, 하나의 생명으로 믿어야 합니다. 일거수일투족 모두가 부처님을 지향하는 이것이 우리 시대의 지상명령입니다. 우리가 성불하는 것이 지상명령입니다. 모든 분들이 지상명령인 성불을 향해서 일로매진(一路邁進)하시기를 간절히 바라는 바입니다.

염불 공부란 우리 눈앞에
시비 분별하는 여러 가지 생각이
우리 본각本覺의 참 성품임을 각오覺悟하는 것이요,
이것이 곧 참다운 염불인 것입니다.
염불 공부란 부처와 내가 본래 하나임을
재확인하는 것입니다.

3

염불선

염불의 의의

염불 공부란 우리 눈앞에 좋다 궂다 시비분별하는 여러 가지 생각이
우리 본각(本覺)의 참 성품임을 각오(覺悟)하는 것이요,
이것이 곧 참다운 염불인 것입니다.
다시 말하면 부처와 내가 본래 하나임을 재확인하는 공부입니다.

　　　　　　　　　공부가 익어져서 한 고비를 넘어서면 염불이
고 화두고 다 초월해버립니다. 그러나 화두나 염불이나 묵조나 모두
가 다 한 고비를 넘어서기 전에 습인(習忍)을 익혀서 마음이 딱 자성
(自性), 곧 불성(佛性) 한 자리에 머물기 전에 하는 것이지, 공부가 익
은 사람들한테는 이런 것이 없습니다. 그러기 때문에 마땅히 부질없
는 시비논쟁은 말아야 합니다.

　염불이라 할 때의 염(念)이란, 사람 사람마다 마음에 나타나는 생
각을 염이라 하고 불(佛)은 사람 사람마다 갖추고 있는 깨달은 근본

성품을 말합니다. 염불 공부란 우리 눈앞에 좋다 궂다 시비분별하는 여러 가지 생각이 우리 본각(本覺)의 참 성품임을 각오(覺悟)하는 것이요, 이것이 곧 참다운 염불인 것입니다.

다시 말하면 부처와 내가 본래 하나임을 재확인하는 공부입니다. 생각은 누구나가 가지고 있는 것이고 부처도 우리가 본래 가지고 있는 본각진성(本覺眞性)인데 생각 생각에 부처를 여의지 않고서 염(念)하는 것이 참다운 상근인(上根人)의 염불인 것입니다. 이러한 염불은 부처와 더불어서 둘이 아니고, 부처를 떠나지 않는 것입니다. 부처와 둘이 아니기 때문에 부처를 떠날 수가 없겠지요.

그러나 우리 중생들은 업장 때문에 자꾸만 떠나버리니까 우리가 떠나지 않기 위해서, 내가 부처임을 재확인하기 위해서 염불을 하는 것입니다. 또는 미운 사람이나 고운 사람이나 다 부처란 것을 확인하기 위해서 염불하는 것입니다. 미운 사람도 부처요, 좋아하는 사람도 부처라고 깨달으면 미워도 미운 사람에 집착하지 않고 좋아도 좋아하는 사람에 걸리지 않는 것입니다. 따라서 우리가 자기한테나 남한테나 이런 도리를 역설하고 가르쳐야 하는 것입니다.

염불의 종류

염불이라고 하면 부처의 이름, 명호를 외우는 칭명염불(稱名念佛)이 있고
부처의 32상 80종호를 갖춘 원만덕상을 관찰하는 관상염불(觀像念佛)이 있고
그 다음은 또 관상염불(觀想念佛)이 있고, 그 다음은 실상염불(實相念佛)입니다.

염불에도 여러 방법이 있습니다. 보통 염불이라고 하면 부처의 이름, 명호를 외우는 칭명염불(稱名念佛)이 있고 또는 부처의 상호 곧 32상(相) 80종호(種好)를 갖춘 원만덕상을 관찰하는 관상염불(觀像念佛)이 있습니다. 우리는 좋은 그림을 보면 기분이 좋듯이 부처님의 상호만 보아도 우리 마음에 우러러 숭앙이 되고 한결 안심이 되고 아늑한 평온을 느끼게 되는 것입니다.

그 다음은 또 관상염불(觀想念佛)이 있습니다. 음은 똑같습니다만 앞의 것은 상(像)을 관찰하는 것이고 뒤의 것은 상상하는 것입니다.

> 큰스님 친필법문 : 실상염불(實相念佛)
>
> 實相念佛… 宇宙에 두렷한 부처의 眞
> 理를 神秘롭고 不思議한 眞如光明을
> 觀照 하는것. 換言 하면 自性佛을 비
> 추어 보고 窮究함을 말 한다. 그리고 實相
> 이란 一切萬法의 實相을 말 하므로 實相은
> 바로 自性佛 또는 阿彌陀佛 이다. 그래서
> 實相念佛 을 金剛念佛. 一相三昧、一
> 行三昧、念佛禪、首楞嚴三昧、王三昧、
> 眞如三昧、華嚴三昧、法華三昧 實相
> 三昧、또는 自性禪 이라고도 한다.

부처님의 자비공덕이라든가 훤히 빛나는 지혜광명 등 부처님의 공덕을 상상하는 염불입니다.

  그 다음은 실상염불(實相念佛)입니다. 이것은 현상적인 가유(假有)나 허무에 집착하는 무(無)를 다 떠나서 중도실상(中道實相)의 진여불성(眞如佛性) 자리, 이른바 법신(法身) 자리를 생각하는 염불인 것입니다.

  따라서 진여불성 자리를 생각하는 실상염불이 참다운 본질적인 염불입니다. 이른바 법의 실상, 내 인간 생명의 실상, 우주 생명의 실상, 이것을 우리가 관찰하는 것입니다. 관찰은 분명히 뚫어지게 안 보이니까 볼 수는 없겠지요. 그래서 생각만 해도 관(觀)이라는 뜻이 다 포함되는 것입니다. 부처의 법신(法身)은 있지도 않고 또는 공(空)하지도 않은 중도실상의 생명의 광명을 관조하는 염불이 곧 실상염불입니다.

부처님의 명호

부처님 법은 무장무애(無障無碍)하고 평등일미(平等一味)이기 때문에 부처라는 평등일미 자리에는 높고 낮은 우열이 있을 수 없는 것입니다.

우리 스님네나 재가 불자들 가운데 '어떤 부처를 염해야 할 것인가?' 하고 갈등을 일으키는 분이 있습니다.

『지장경(地藏經)』을 보면 지장보살을 염하는 것이 제일 좋다고 되어 있고, 『아미타경(阿彌陀經)』을 보면 아미타불을 한 번만 잘 염해도 극락세계에 간다고 되어 있고, 또 『관음경(觀音經)』을 보면 욕심 많을 때나 마음이 괴로울 때나 또는 무엇이 안 될 때나 좋은 사람 만나고 싶을 때나 모두가 관세음보살을 염하라고 되어 있습니다. 그래서 우리 불자님들은 '뭘 염해야 좋을 것인가?' 또는 '다 한꺼번에 염해야 할 것인가?' 하고 마음에 갈등을 갖습니다.

그런데 가령, 지장보살님을 위주해서 염하면 관세음보살이나 아미타불을 염하는 것보다도 훨씬 공덕이 많다는 생각을 하고 염할 때는 사실은 공덕을 크게 감하는 것입니다. 참답게 지장보살을 염하는 것이 못 됩니다. 또는 관세음보살님을 염한다 하더라도 아미타불이나 지장보살 염불은 별로 공덕이 없고 관세음보살을 염하는 것이 가장 수승하다고 생각하면서 염하면 참다운 공덕이 못 되고 부처님 법에 여법(如法)한 염불도 못 됩니다. 아미타불을 염할 때도 같은 도리입니다.

왜냐하면 부처님 법은 무장무애(無障無礙)하고 평등일미(平等一味)이기 때문입니다. 부처라는 평등일미 자리에는 높고 낮은 우열이 있을 수 없는 것입니다. 따라서 어느 명호나 다 좋은 것입니다.

그러면 '오, 주여!' 하고 기독교식으로 한 명호만 했으면 될 것인데 무슨 필요로 복잡하니 많은 부처님의 명호가 필요할 것인가? 하고 의단을 품기가 쉽습니다. 이런 때는 부처님의 불성공덕(佛性功德)을 생각해야 됩니다.

불성공덕은 무한 공덕입니다. 불가설(不可說)이라, 어떻게 말할 수가 없는 것입니다. 자비로운 쪽으로도 무한하고 또는 지혜로운 쪽으로도 무한하고 또는 지구 덩어리가 베풀어주는 은혜 공덕으로 보더라도 무한합니다. 그래서 많은 부처와 보살 명호는 이른바 생신(生身) 보살이 아니라 법신(法身) 보살 명호로, 모두가 다 부처 공덕을 상징한 것입니다.

무장무애한 무량공덕을 자비로운 쪽으로는 관세음보살이고 지혜로운 쪽으로는 문수보살, 대세지보살이고 또는 원력(願力)쪽으로는 보현보살이고 또는 죽어서 가는 영가를 극락세계로 인도하는 쪽에서는 지장보살, 인로왕보살이고 또는 병고를 다스리고 구제하는 쪽에서는 약사여래, 약왕보살입니다. 또는 법신 부처님이 하늘에 있는 달이나 별이나 그런 광명체로 화현(化現)하는 쪽에서는 이른바 치성광여래, 일광보살, 월광보살이고 또 북두칠성 등 28수(宿) 그런 쪽에서 본다고 생각할 때는 칠성입니다.

예경할 때에 보십시오, 산신(山神)을 외울 때도 처음에 만덕고승(萬德高僧) 성개한적(性皆閑寂)이라는 말을 합니다. 역시 부처님 가르침 따라 성중(聖衆)을 먼저 내놓고서 나중에 산신이 나와 있는 것입니다. 부처님의 청정무비한 무량공덕이 산에 들어가 있으면 산신인 것이고 물에 들어가 있으면 용왕인 것이고 우리 지구에 들어 있으면 지장보살이요 또 별에 들어 있으면 치성광여래인 것입니다. 그렇게 생각해야 올바른 해석이 되겠지요.

따라서 어떠한 때에 중생의 근기 따라서 산신 불공을 하더라도 우리 중생이 볼 때에 산인 것이지 바로 본다면 부처님 화신(化身)인 것입니다. '산은 산이요, 물은 물이라' 할 때도 산은 그냥 산이 아니요, 물도 그냥 마시는 물로만 볼 것이 아니라 바로 불성(佛性)의 산으로, 불성의 물로 보아야 하는 것입니다. 그런 뜻으로 해서 산은 산이고 물은 물이란 말이 나왔습니다.

따라서 그와 같이 본다면 지장보살을 부르나 또는 무엇을 외우나 간에 '부처님의 화신으로, 부처님의 공덕으로 우리 중생을 다스리는, 자비로 구제하는 공덕 명호구나' 이렇게 생각하며 우리 마음이 부처님한테 이르러야 하는 것입니다. 그렇게 한다면 지장보살이나 관세음보살이나 무엇을 염해도 공부에 조금도 손해가 없는 것입니다.

그러나 본사 아미타불이라, 모두를 포괄적으로 법(法)·보(報)·화(化) 삼신(三身)을 말할 때는 아미타불입니다. 그렇기 때문에 본사 아미타불이라고 하지 않습니까? 그래서 보통 염불할 때는 아미타불을 많이 하는 셈입니다만, 어떤 명호를 부른다 하더라도 아미타불을 하는 것이나 다 똑같은 공덕이라고 생각해야 하는 것입니다.

염불삼매

우리가 공부할 때 무진 애를 쓰고 공부는 하는데
그럴만한 인연이 성숙하면 자기도 모르는 가운데 앞이 확 열려서
부처님이 분명히 앞에 나오십니다.

염불삼매(念佛三昧)에는 인(因) 과(果)의 두 경계가 있습니다. 일심으로 부처님의 상호를 관하는 관상염불(觀像念佛)을 하거나 또는 일심으로 법신의 실상을 관하는 실상염불(實相念佛)을 하거나 혹은 일심으로 부처의 명호를 외우는 행법을 인행(因行)의 염불삼매라고 합니다.

따라서 우리가 불명(佛名)을 외운다 하더라도 앞서 말씀드린 바와 같이 꼭 법신자리를 믿어야 참다운 염불이 되는 것입니다. 이것이 이른바 닦아갈 때 염불인 것입니다.

또 우리가 견성하기 전에, 인행의 염불삼매가 성숙되면 마음이 선정에 들어가서 혹은 시방불(十方佛)이 현전(現前)하며 혹은 법신의 실상 이른바 진여불성(眞如佛性)에 계합되는데 이것을 과성(果成)의 염불삼매라 합니다.

따라서 염불로도 견성(見性)하고 천수경으로도 견성하고 마음에서 업장만 녹아지면 다 견성합니다.

그러나 "시방불이 현전한다, 부처가 앞에 나온다." 말이 표현될 때는 또 의단을 품습니다. 부처란 상(相)이 없는 것인데 어떻게 나올 것인가?

부처가 상이 있으면 참다운 부처가 못 되겠지요. 우리는 이런 때도 부처님의 무량공덕을 생각해야 합니다. 부처님은 상이 없지만 우리가 생각하는 것과 같이 아무것도 없는 허무가 아닌 것입니다. 부처님이 허무가 아니기 때문에 부처의 화신으로 육도중생(六道衆生)이 나오지 않습니까? 본래 실상은 색즉공(色卽空)이라, 본래의 몸뚱이 그대로 바로 공이지만 이것이 아무것도 없습니까? 따라서 부처님도 역시 필요한 때는 바로 부처님 상호를 우주에 가득 차게 나타낼 수가 있습니다.

『관무량수경(觀無量壽經)』을 보면 부처님의 몸은 크기가 60만억 나유타신(那由陀身)이라 합니다. 나유타는 헤아릴 수 없는 무량수입니다. 그렇게 한도 끝도 없는 큰 몸이 부처님 몸이라는 말입니다. 그 뜻은 바로 시방여래(十方如來) 시법계신(是法界身)이라, 우주가 바로 부처님 몸이란 뜻입니다.

우리는 경을 볼 때도 경의 말에만 집착하지 말고 뜻을 생각해야 합니다. 또는 작게는 바늘구멍 가운데에도 부처님은 들어가신다고 말합니다. 바늘구멍 가운데에도 아무것도 없는 것이 아닙니다. 허공세계란 것은 그냥 공간을 말한 것이 아닙니다. 무량의 공덕을 갖춘, 상이 없는 세계가 바로 허공입니다. 우리가 일반적으로 생각할 때는 아무것도 없는 공간을 허공이라 하지만 불교에서 말하는 허공은 그것이 아닙니다. 무량공덕을 갖춘, 상을 떠난 무량무변의 경계를 바로 허공이라고 합니다.

따라서 일모공중(一毛空中)에 무량불찰(無量佛刹)이 광연안립(曠然安立)이라, 조그마한 터럭 가운데도 한없는 부처님 세계가 다 원만히 갖추어 있다는 말입니다.

이렇게 작고 적은 것으로는 부처님 법을 비유할 수가 없는 것입니다. 무장무애란 것은 작고 큰 것이 없는 것입니다. 왜 그러는 것인가? 물질이 아닌 순수생명자리, 무량공덕을 갖춘 그 생명자리가 우주에 가득 차 있습니다. 우주에 가득 차 있는 그것은 작다 크다를 초월해 있습니다. 따라서 티끌 가운데나 삼천대천세계 어디에나 특별히 따로 있는 것이 아니라, 성품으로는 다 들어 있는 것입니다. 성품으로는 다 갖추고 있습니다.

따라서 우리가 공부할 때 무진 애를 쓰고 공부는 하는데 그럴만한 인연이 성숙하면 자기도 모르는 가운데 앞이 확 열려서 부처님이 분명히 앞에 나오십니다. 더러는 부처님 상호가 방안에 가득 찰 때도 있습니다. 그러나 잘 모르는 사람들은 그러한 영상에 집착하고 맙니다. 그러면 공부가 악화됩니다.

실상무상(實相無相)이라, 실상은 상이 없습니다. 그러나 일정하고 고유한 상이 없다고 해서 허무가 아니라 만상을 다 갖추고 있습니다. 따라서 기도를 모신다거나 그런 분들은 경험을 더러 하실 것입니다. 어떤 때는 금색으로 훤히 빛나는 부처님도 보이는 것이고 어떤 때는 밤인데도 훤히 밝아서 방안이 다 보이기도 합니다. 이런 때에도 집착하면 안됩니다. 부처가 그뿐만 되는 것이 아니니까 말입니다.

우선 닦아나가는 수행법인 인행(因行) 공부를 하다가 좀 하기 싫거나 빨리 성취하고 싶거나 대접을 받고 싶은 사람들은 오래 못 닦습니다. 오랫동안 참아야 하는 것입니다.

고독지옥(孤獨地獄)이라, 우리가 외로운 것도 지옥같이 괴로운 것이 아닙니까? 그러나 니체(Nietzsche)의 "고독은 그대 고향이다. 고독한 가운데 그대의 고향을 가라."같은 말은 우리한테 감동을 줍니다. 고독을 못 참으면 삼매에 어떻게 들겠습니까? 고독을 못 참으면 무슨 필요로 승려가 되겠습니까?

도반(道伴)이 좋기는 좋으나 너무나 밀착하면 공부에 방해가 됩니다. 그 사람 때문에 관심을 두어야 되겠지요. 대중이 좋으나 공부가 익은 다음에는 또 방해가 됩니다. 달마의 9년 면벽을 생각해 보십시오. 석존의 6년 고행상을 상기해 보십시오. 얼마나 고독했을 것인가 말입니다.

우리는 짐짓코 우리가 선택해서 출가사문이 된 것입니다. 그렇더라도 인간이니까 습기 때문에 고독한 때는 친한 사람도 만나고 싶겠지요. 그러나 냉철하게 자기를 추슬러야 합니다.

실상관과 선과 염불선

우리 본래면목이 바로 아미타불이요
마음이 청정하면 현실세계 그대로 극락세계이니
염불도 근본 성품을 안 여의고 한다면 곧바로 참선이요,
참선과 염불이 다를 것이 하나도 없습니다.

선(禪)이란 가상(假相)과 가명(假名)을 여의고 불심(佛心) 곧 중도실상(中道實相)의 본체를 참구(參究)하는 것이기 때문에 근본 체성(體性)을 여의지 않으면 비단 화두참구(話頭參究)뿐만 아니라 관법(觀法)이나 염불(念佛)이나 주문(呪文)이나 다 한결같이 참선(參禪)입니다. 따라서 근본 체성을 떠난 공부는 참선이 아닌 것입니다.

이러한 중도실상 곧, 진공묘유(眞空妙有)의 경계를 관찰하고 상념하는 염불이 바로 실상염불(實相念佛)인데 그것이 또한 본래면목을

참구하는 염불선(念佛禪)인 것입니다. 일체 모든 화두도 이러한 본래면목 자리, 진여불성 자리를 분명히 참구하고 그 자리를 증득하고자 하는 의단이 되어야 합니다.

자성미타(自性彌陀) 유심정토(唯心淨土)라, 우리 본래면목이 바로 아미타불이요 마음이 청정하면 현실세계 그대로 극락세계이니 염불도 근본 성품을 안 여의고 한다면 곧바로 참선이요, 참선과 염불이 다를 것이 하나도 없습니다.

이른바 진여(眞如)나, 실상(實相)이나 중도실상의 본래면목 자리는 상대적으로 분별하는 경지가 아닙니다. 헤아릴 수 없는 부사의(不思議)한 부처님 광명이 충만한 경계입니다. 그것은 바로 진여실상의 경계이기 때문에 우리들의 업장이 녹아짐에 따라서 점차로 진여불성의 광명이 밝아오는 것입니다. 그래서 지혜도 한결 밝아지고 어두운 표정도 말끔히 가시게 되는 것입니다. 이렇듯 가행정진(加行精進)을 계속하면 업장이 없어짐에 따라 본래 부처인 위없는 깨달음을 성취하게 되는 것입니다.

경론에 있는 염불법문

사실 염불이 하기는 가장 쉽습니다.
나도 부처요, 너도 부처요, 원래 우리가 가고자 하는 것도 부처요,
누구나가 할 수 있는 것이니까 쉽기는 쉽지요..

念佛三昧 能解除種種 煩惱及先世罪　　　　　　　　　　－ 智度論 七

　　용수보살 대지도론(大智度論)에는 "염불삼매는 능히 종종의 번뇌나 또 숙세 죄까지도 다 제거한다."고 하였습니다. 염불삼매만 그러겠습니까? 화두나 다른 공부도 다 그렇습니다.

　　我本因地 以念佛心 入無生忍　　　　　　　　　　『楞嚴經五』

『능엄경(楞嚴經)』에는 "부처님께서 인행시(因行時)에, 부처를 생각하는 염불심으로 무생법문에 들어갔다."는 말씀이 있습니다. 석가모니 전에 부처가 없을 것인데 어떻게 부처를 염할 것인가? 부처란 것이 무엇인가? 부처란 것은 자기 본심, 본각(本覺) 자리인 것입니다. 따라서 이런 때는 모양으로 상이 있는 부처를 생각하면 의미가 안 통합니다. 자기 본래면목 자리가 바로 부처라는 뜻입니다. 이러한 본래면목 자리를 생각함으로 해서 우리가 무생법인(無生法忍) 곧, 불생불멸의 경지에 들어갔다는 말씀입니다.

以專意 念佛因緣 隨順得生 他方佛土 — 起信論

기신론(起信論)에는 "우리 마음을 오롯이 해서 염불하는 것으로 인연이 되어 부처의 세계에 태어난다."고 하였습니다. 우리가 마음으로, 꼭 무슨 부처 이름이 아니더라도, 부처를 생각하는, 자성을 생각하는 염불을 오랫동안 할 때에 이것이 인(因)이 되고 연(緣)이 되어서 극락세계, 이른바 깨닫는 세계, 모든 것이 다 광명으로 보이는 광명의 세계에 생을 얻는다는 것입니다.

若人疾欲至 不退轉者 應以恭敬心 執持佛名號 以信方便 念佛易行

疾至阿惟越地(不退轉地)　　　　　　　　　－ 十住毘婆沙論

　그 다음에는 용수보살 십주비파사론(十住毘婆沙論)에 있는 법문입니다. 만약 사람이 빨리 불퇴전에 이르고자 한다면, 우리는 불퇴위까지 올라가야 안심하고 공부를 할 수가 있겠지요. 불성을 못 깨닫고 미처 증명을 못하면, 즉 견성을 못한 분상에서는 항시 퇴전될 염려가 있는 것입니다. 따라서 후퇴가 안 되려면 현전(現前)에 부처님의 무량공덕을 갖춘 불성과 계합이 되어야 합니다.

　"만약 사람이 빨리 이러한 불퇴전지(不退轉地)에 오르고자 한다면 마땅히 공경심으로써 부처님의 명호를 굳게 지녀야 한다." 불명호(佛名號)는 나무아미타불이나 관세음보살이나 그런 명호만 말하는 것이 아니라 우리 자성불(自性佛)을 믿는 것도 포함이 됩니다.

　"이 믿는 방편으로써 하기 쉬운 염불행을 하라." 사실 염불이 하기는 가장 쉽습니다. 나도 부처요, 너도 부처요, 원래 우리가 가고자 하는 것도 부처요, 누구나가 할 수 있는 것이니까 쉽기는 쉽지요. 쉬우니까 이행문(易行門)이라, 염불이라는 쉬운 행(行)을 그 믿는 방편으로써 할 때, 아유월지(阿惟越地, 阿毘跋致, avinivartaniya) 곧 불퇴전지에 빨리 갈 수 있다는 것입니다. 우리 마음으로 명심하고 또 그리워하고 흠모하는 이런 믿음의 방편으로 염불을 한다고 할 때는 빨리 갈 수 있다는 것입니다.

念佛三昧 則爲總攝 一切諸法 是故非聲聞緣覺二乘境界
『念佛三昧經』七

『염불삼매경(念佛三昧經)』에서는 "염불삼매는 곧 모든 수행법을 갖추고 있다."고 합니다. 부처의 모양만 생각하는 것은 그렇게 못되겠습니다만 부처를 본래면목이라고 생각할 때는 다른 묵조선(黙照禪)이나 또는 화두선(話頭禪)이나 또는 간경(看經)이나 모든 수행법이 다 염불삼매에 갖추고 있다는 말입니다. 간경자(看經者) 혜안통투(慧眼通透)라, 우리가 마음만 순수하면 경을 보면서도 바로 깨닫는 것입니다.

"이런 고로 성문(聲聞)이나 연각(緣覺)이나 이승(二乘) 경계가 아니다." 우리가 염불은 성문이라든가 낮은 근기만 한다는 식으로 말을 해서는 안 되는 것입니다.

如是罪人 以罪業故 應墮地獄 命終之時 地獄猛火 一時俱至 遇善知識 以大慈悲 爲說 阿彌陀佛 十力威德 不可思議 聞法歡喜 此人已除八十億劫 生死之罪 地獄猛火 化爲淸凉風 吹諸天華 華上皆有 化佛菩薩

迎接此人　　　　　　　　　　　　　　　　　　『觀無量壽經』

　『관무량수경(觀無量壽經)』에는 "업장을 많이 지은 죄인들은 과거세나 금생에 지은 업장에 대한 과보로써 지옥에 응당 떨어질 것인데, 수명이 다할 적에 지옥의 맹렬한 불이 일시에 그 사람에게 달려든다."는 것입니다.

　예전에 장선화라는 분은 염불로 인해서 왕생한 처사입니다만 이분은 도한(屠漢)이었습니다. 말하자면 도살장에서 도살하는 사람입니다. 멋도 모르고 그저 돈 벌기 좋아하고 고기 잘 먹고 그러니까 그런 짓을 했겠지요.

　개 한 마리 죽이면 한 마리 죽인 대로 개미 한 마리 죽이면 한 마리 죽인 대로 그것이 업장으로 남는 것입니다. 부처와 둘이 아니고 생명이 같기 때문입니다. 개미란 놈이 자꾸만 방에 와서 성가시게 한다고 죽인다면 그것이 업으로 남는 것입니다. 돼지나 소나 유정물(有情物)인지라 죽을 때 꼭 원망을 품습니다. 소나 돼지가 죽을 때의 비창(悲愴)한 소리를 들어 보십시오.

　저는 인공(人共, 人民共和國) 때 사람이 죽는 모습을 많이 보았습니다. 몽둥이로 때려서 산 사람이 그대로 죽는 모습도 보았습니다. 그 때에 원망스러운 마음이 얼마나 크겠습니까? 죽는 사람들이나 죽임을 당하는 돼지나 소나 '당신을 원망한다. 기어코 보복한다' 고 말은 안 할지라도 그 원한이 죽이는 사람한테 다 배는 것입니다. 또는 그 원혼들이 틀림없이 보복하겠다는 뜻을 갖는 것입니다. 원망에 사무치는데 보복을 안 하겠습니까?

따라서 임명종시(臨命終時)에 그런 많은 업장 가운데서 가장 무서운 것이 무간지옥(無間地獄)의 맹화불입니다. 그런 불들이 일시에 달려들어서 괴롭히는 것입니다.

일반 병상에서 돌아가시는 분들 모습도 보십시오. 저같이 나이를 많이 먹은 사람은 다른 이의 임종도 많이 봤습니다만, 공부를 많이 하고 음식도 함부로 안 먹고 그런 분들은 깨끗이 돌아가십니다. 그렇지 못하고 죽을 때까지도 보약 많이 먹고 자기 몸만 생각하고 업장을 많이 지은 분들은 굉장히 괴로워합니다. 이른바 단말마(斷末魔)의 고통이라, 그냥 손으로 허공을 허우적거리면서 괴로워하는 모습은 어떻게 말할 수 없을 정도입니다. 그런 것이 모두가 다 업장 때문에 그렇습니다.

그런데 하물며 도한인 장선화 같은 분은 그렇게 많은 소나 돼지를 죽였으니 그 업장으로 얼마나 괴로워했겠습니까? 저승사자가 분명히 와서 묶어가려고 합니다. 원한들의 상징으로 그와 같이 모습을 나타내는 것입니다.

이렇게 지옥맹화(地獄猛火)가 일시에 이른다 하더라도 다행히 선지식(善知識)을 만나 대자비로 그를 위해서 아미타불의 무량공덕에 대한 설법을 듣습니다.

"아미타불은 우주에 가득 차 있는 생명 자체이고 그대의 본래면목 자체다. 또 아미타불은 모든 공덕을 다 갖추고 있어서 다만 지성으로 한 번만 생각하고 한 번만 이름을 외운다 하더라도 그대가 평소에 지은 바 죄업장이 다 없어진다. 지옥도 원래가 없는 것이고 바로만 보고 바로 생각하면 모두가 다 극락세계다."

선지식인지라 이렇게 설법을 하셨겠지요. 그를 위해서 설한 아미타불 십력위덕(十力威德) 부사의(不思議) 법문을 듣고 환희심을 냅니다.

아무리 불량한 사람이고 나쁜 사람이라도 죽을 때는 보통 다 선량해집니다. 저는 업장으로 유치장에 가서 3개월 동안 살았습니다마는 그때 사형수들을 많이 만났습니다. 제가 승려니까 저한테 위로를 받으려고 말을 많이 걸어옵니다. 사형수들같이 순진한 사람들을 저는 별로 못 보았습니다. 저런 사람들이 어떻게 사람을 죽였을까? 원래 부처니까 순진할 수밖에 없겠지요. 그리고 사형선고를 받았으니까 자기에 대한 체념을 해버리기에 죽을 때는 어떠한 사람이나 다 선량해집니다. 그러기에 고인들이 "새도 죽을 때는 가장 아름다운 노래를 지저귀고 악한 사람도 선량한 말을 한다."고 하지 않습니까?

따라서 이 장선화라는 분도 그렇게 고통을 받겠지마는 선지식을 만나 법문을 듣고는 환희심으로 그냥 선량한 마음이 발로되었습니다. 그래서 일심으로 염불을 하는데 나무아미타불 열 마디가 미처 끝나기도 전에 지옥불이 꺼짐과 동시에 맑고 시원하고 환희충만한 청량미(淸凉味)를 느끼고 극락에 왕생하였습니다.

극락 가운데 상품상생(上品上生)은 공부를 많이 해서 번뇌의 습기가 녹은 사람들만 갑니다. 그러나 금생에 성자(聖者)가 아니더라도 부처님 공부도 다소 하고 참선도 하고 염불하고 그런 분이 죽는 순간에 부처님 가르침을 100% 의심 없이 믿고 죽는다면 죽는 순간의 그 마음으로 상품극락을 갈 수가 있습니다. 상품극락은 바로 화장세계(華藏世界)입니다.

살아서는 불량한 사람들이나 일반 사람들이나 잘못 믿기도 하겠지마는 죽을 때는 만사가 허무해서 선량한 마음이 발동이 되니까 잘 믿게 되는 것입니다. 믿을 수밖에 없습니다. 부사의 법문을 듣고서 환희심을 내는 사람들은 이미 80억겁(億劫) 생사죄를 멸하는 것입니다. 과거 숙세 무량세를 상징적으로 80억겁이라고 하는 것입니다. 무량세부터 지어 내려온 죄를 죽을 때에 선량한 마음을 내어 부처님을 생각하고 염불을 함으로써 제거하는 것입니다. 본래 마음이 자취가 없는 것인지라 죄도 또한 본래 뿌리가 없습니다.

그래서 지옥맹화가 바뀌어 맑고 서늘한 바람이 불고 하늘에선 꽃비가 내립니다. 우리 중생의 때 묻은 눈으로는 안 보이더라도 천안(天眼)만 통하면 틀림없이 꽃비를 볼 수가 있습니다.

부처님께서 영산회상(靈山會上)에서 금바라화(金波羅華, utala) 꽃을 들고서 대중 앞에 보였습니다. 영축염화시상기(靈鷲拈花示上機)라, 영축산에서 부처님께서 금바라화 꽃을 들고 대중들 앞에 보였습니다.

그런데 대중들은 금바라화 꽃이 보이겠습니까? 우리 인간이 볼 수 있는 상대적인 금색광명이나 또는 어떤 물질로 만들어진 것이 아니기에 중생의 때 묻은 육안(肉眼)으로는 보이지가 않는 것입니다.

이러한 연기(緣起)를 말한 경은 대범천왕문불결의경(大梵天王問佛決疑經, 현재는 『위경(僞經)』이라 함)으로서 대범천왕이 부처님께 금색 바라화를 바치고 법문을 청하자 부처님께서 그 꽃을 들으셨다는 것입니다. 따라서 그 꽃은 사람이 드린 것이 아니라 범천왕이 드린 천상의 꽃인 것입니다.

부처님께서 설법을 하실 때에는 우리 인간의 눈에는 안 보여도 범천왕이나 또는 제석천왕이나 천인(天人)들이 와서 법을 청하여 듣고 있는 것입니다. 특히 화엄경 설할 때에는 말로 한 것이 아니기에 우리 중생들은 듣지 못했어도 제석천왕이나 범천왕이나 또는 법신 보살은 다 듣는 것입니다.

부처님께서 영산회상에서 천상의 꽃, 바로 진리의 꽃인 금바라화를 들었지만 대중들은 부처님의 손만 보이기에 아무런 영문을 몰랐습니다. 그러나 삼명육통을 한 마하가섭(摩訶迦葉)만이 훤히 알아보고 방긋이 미소를 지었습니다. 그래서 부처님께서는 "나한테 있는 열반묘심(涅槃妙心)을 그대에게 전한다."고 했다는 게송이 있지 않습니까마는 아무튼 천상꽃이 분명히 있습니다.

따라서 우리가 안다는 것이 얼마나 적습니까? 우리는 구경지(究竟地)까지 깨닫지 못하는 한에는 절대로 안다는 자랑을 할 수가 없습니다. 부처님의 무량공덕을 믿어야 참다운 믿음입니다. 보조어록(普照語錄)은 그것을 굉장히 역설했습니다. 과불공덕(果佛功德)이 분호불수(分豪不殊)라, 부처가 성취한 공덕이 우리 본래 공덕과 더불어 눈곱만치도 차이가 없다는 말입니다. 이렇게 믿어야 비로소 참다운 신앙입니다.

"청량한 바람이 불어와 하늘 꽃이 흩날리는데 그 꽃 위에는 부처님과 보살들이 계시면서 저승에 들어가는 사람을 마중한다."고 하셨습니다. 『관무량수경』에 있는 법문입니다.

이런 상징적인 것을 사실로 느껴야 합니다. '이런 것은 모두가 미신이겠지, 우리에게 방편으로 말씀하셨겠지' 이렇게 생각하면 안됩니다.

나이 많은 불자님들은 특히 돌아갈 길에 대해서 관심을 많이 가질 것입니다마는 정말로 바르게 죽으면 꼭 불보살님이 마중을 나오는 것입니다. 이것을 성중래영(聖衆來迎)이라 합니다. 성중이 우리를 마중한다는 말입니다.

욕계의 하늘도 있고 색계천상도 있고 3계(界) 28천(天)이 분명히 존재하는 것입니다. 이런 것은 '다 마음 가운데 있겠지' 합니다만 물론 마음의 화현이기는 하나 3계 28천이 가상(假相)으로는 분명히 존재하는 것입니다.

心懷戀慕 渴仰於佛 卽種善根　　　　　　　　　－ 法華經壽量品

"심회연모(心懷戀慕) 갈앙어불(渴仰於佛)하면 즉종선근(卽種善根)이라." 저는 말씀드리다가 자주 이 법문을 되풀이합니다. 마음으로 부처님을 연모하고 갈앙하면 바로 선근을 심는다는 말입니다. 우리가 부처님을 그리워하고 우리 자성(自性)을 그리워하게 하기 위해서 극락세계, 화장세계의 찬란한 장엄도 우리에게 말씀하신 것 아니겠습니까?

우리가 신앙을 하는 데 있어서 결정신심(決定信心)이 없으면 갈앙심(渴仰心)이 안 나옵니다. 따라서 결정신심을 두기 위해서 노력을 하고 정진을 해야 할 것입니다.

이 결정신심을 내는 데 있어서 경을 보면 "심불상속고(心不相續故)로 부득결정신(不得決定信)이라."는 대목이 있습니다. 화두나 염불이나 공부가 상속되지 않기 때문에 결정적인, 꼭 옳다는 확신을 못 갖는다는 말입니다. 어떤 공부나 신(信)만 있고 해(解)가 없으면 안 되는 것이지만 설사 이해를 하더라도 믿음이 없으면 그냥 퇴타(退墮)하고 맙니다.

믿음이라는 것은 인간관계에 있어서나 특히 온 생명을 바치는 신앙에 있어서는 더욱 중요합니다. 따라서 부처를 생각하는 마음이 상속되어야 결정신심이 나오고 참선을 하든 또는 염불을 하든 기도를 하든 간에 결정신심을 얻어야 갈앙심이 생깁니다.

종교 일반적인 의미에서도 순명(順命)이라, 신앙의 대상에 대해서 순수하니 환희심으로 따르는 마음이 없으면 신앙이라고 할 수가 없습니다. 따라서 순명이 있을 때는 필연적으로 정결(淨潔)이 되는 것입니다.

우리는 부처님의 명에 순수하게 따라야 합니다. 따르면 응당 정결신심이 되는 것이고 따라서 삼세제불(三世諸佛)이 모두 다 검소한 생활을 하셨기 때문에 우리 생활이 청빈하게 되지 않을 수가 없습니다. 청빈은 우리 수행자의 자랑이요 무기입니다. 우리가 신앙 대상에 대한 순명이 없고 또는 정결하지 못하고 청빈한 생활을 하지 않는다면 출가사문이라고 할 수가 없는 것입니다. 마땅히 우리는 순명과 정결과 청빈에서 우리의 사명감과 자랑과 긍지를 느껴야 한다고 생각합니다.

앞에서 말씀드린 바 있는 심회연모(心懷戀慕)라, 우리 마음으로 부처에 대해서 연모하고 갈앙하는 그 마음은 굉장히 중요합니다.

팔상록(八相錄)에 나오는 법문입니다만, 부처님 당시 파사익왕(波斯匿王, Prasenajit)의 딸이 추녀개용(醜女改容)이라, 아주 못생겼는데 얼굴이 바꿔지게 되었습니다. 세존에 대한 사무친 갈앙심 때문에 부처님의 광명을 스스로 감견(感見)했던 것입니다. 신앙에 사무치면 불성광명을 우리가 느끼고 현전에서 보는 것입니다. 부처님 광명은 무량광명이기 때문에, 또 천지우주가 바로 순수의 적광(寂光), 청정한 정광(淨光)으로 되어 있기 때문에 우리가 마음만 청정해지면 꼭 광명을 보게 되는 것입니다.

우리 마음이 일념이 되는 공부가 쉽지 않지만, 간절히 그리워하고 연모하는 그 마음은 우리 마음을 한결 빨리 통일이 되게 하고 비약시킵니다. 따라서 마땅히 부처님께 대해서 연모하고 갈앙하는 마음은 우리 인간 존재가 필수적으로 가져야 할 것이지만, 번뇌에 가리어 버리면 참 어렵습니다. 마음이 맑아질수록 점점 더 갈앙심이 생기는 것입니다.

그래서 우리가 삼매에 들어갈 때는 몸도 마음도 정화가 되면 된 만치 유연선심(柔軟善心)이라, 마음도 훨씬 더 부드러워지고 또는 점차로 더 선심(善心)이 깊어지는 것입니다. 세상 사람 모든 사람이 다 소중하며 풀포기 하나라도 함부로 할 수 없는 자비스런 마음이 됩니다. 이른바 동체대비(同體大悲)에 차츰 가까워지는 셈이지요. 마땅히 우리 마음으로 부처님한테 대해서, 우리 자성에 대해서 연모·갈앙한다면 바로 우리 선근을 더 증장시키고 마음에 심는 것입니다.

여기에서 이 갈앙하는 마음이 중요하기 때문에 제가 불경(佛經)에서 비유담 하나를 더 들겠습니다.

과거 저사(底沙, Tisya)부처님 회상에서 석가행자와 미륵행자가 도반이 되어 수행정진할 때였습니다. 그때 저사부처님이 두 수행자를 관찰하니 석가행자보다 미륵행자가 근기는 더 수승하나 장차 제도할 인연 있는 국토 중생들은 석가가 제도할 국토 중생들이 훨씬 수승하므로 기왕이면 석가를 빨리 성취시켜서 인연이 성숙한 국토 중생을 제도하고자 작정하였습니다.

그런데 무상대각(無上大覺)을 성취한 부처님이 과거세에 점수(漸

修)한 수행과정을 헤아려보면 3아승지겁(阿僧祗劫)의 무량세월 동안 닦으신 다음 마지막에 32상(相)을 얻기 위해서 또다시 100겁(劫) 동안 닦았다고 합니다.

원만덕상(圓滿德相)은 우연히 된 것이 아니라 과거 전생의 무량한 선근(善根) 과보인 것입니다. 온 몸이 금색으로 생긴 것이나 머리카락이 나계상(螺髻相)인 야청색으로 되어서 빛나는 것이나 또는 미간에 백호상(白毫相)이 오른쪽으로 돌면서 삼천대천세계를 비추게 된다는 것이나, 원만상인 32상(相)의 공덕은 무량한 세월인 백겁 동안 수없이 자기 몸뚱이를 희생하는 이른바 위법망구(爲法忘軀)의 무아행(無我行)을 다 했기 때문에 얻은 것입니다. 그래서 무아행을 할수록 얼굴도 석가모니 부처님을 닮아가는 것입니다.

그래서 하루는 저사부처님이 석가행자에게 산에 올라갈 테니 따라오라고 하시고 신족통(神足通)으로 높은 산에 올라가셨습니다. 석가행자는 그런 신통이 없는지라 천신만고 끝에 가까스로 산에 올라가서 보니 저사부처님이 화광삼매(火光三昧)에 들어 계시는 것입니다.

석가모니 부처님부터서 6조 혜능스님까지 삽삼(卅三)조사 가운데서 6할 정도는 열반 드실 때 화광삼매에 들어서 가셨습니다. 스스로 자기 가슴에서 삼매의 불을 내서 자기 몸을 다비(茶毘)를 했습니다.

저사불이 화광삼매에 들어 계시는데 그 광명이 너무나 장엄하고 찬란하여 석가행자는 황홀한 동경과 환희용약하는 마음이 사무쳐 넋을 잃고 저 사부처님을 우러러 뵈올 뿐이었습니다. 경을 보면 "첨앙존안(瞻仰尊顏)에 목불잠사(目不暫捨)라." 저 사불의 존안을 우러러 뵈면서 잠깐 동안도 눈을 뗄 수가 없었던 것입니다. 그래서 발을 옮기려다 한 발을 든 채로 7주야 동안 밤낮으로 찬탄을 했습니다.

부처님을 찬탄하는 게송은 아시는 바와 같이 "천상천하무여불(天上天下無如佛) 시방세계역무비(十方世界亦無比) 세간소유아진견(世間所有我盡見) 일체무유여불자(一切無有如佛者)"라 하는 게송입니다. 이 게송은 그때 나온 것이라 합니다. 교족칠일(翹足七日)이라, 이레 동안 한 발을 들고서 부처님을 찬탄한 공덕으로 석가행자는 미륵행자보다도 9겁(劫)을 초월해서 성불했습니다.

저는 맨 처음에는 참 기이하기도 하다고 생각한 것인데 나중에 깊이 생각해보니까 그렇게 사무치게 찬탄한 공덕으로 9겁을 초월했다는 것이 너무도 당연하고 심심미묘한 뜻이 포함되었음을 통감하였습니다.

우리가 본래 부처인지라, 부처님 무량공덕을 100% 믿을 때는 우리 마음이 비약되는 것입니다. 우리는 그런 점을 생각해야 할 것입니다. 그리고 위법망구(爲法忘軀)의 무아사신(無我捨身)의 공덕은 다생(多生)의 업장을 순식간에 소멸시키는 것입니다.

『법화경(法華經)』 여래수량품(如來壽量品)에 본지수적(本地垂迹)이라, 석가모니 부처님은 금세에 화신불(化身佛)로 잠시간 모습을 나투신 것이지 본지불(本地佛), 본래불은 바로 무량수불이라 합니다. 무량수(無量壽)는 문자 그대로 생명이 한도 끝도 없는 영생불(永生佛)이라는 뜻입니다. 아미타불을 지혜 쪽으로는 무량광불(無量光佛)이라 하고 시간적으로는 영생하는 무량수불(無量壽佛)이라고 합니다. 부처님 명호는 이와 같이 공덕 따라서 이름이 다르게 됩니다.

『법화경』 분별공덕품(分別功德品)에 부처님께서 "어느 중생이 부처님의 수명이 한정이 없고 공덕이 무량무변하다는 말씀을 듣고서 능히 신해(信解)하는 생각을 내면 그 공덕이 한량없다."고 하십니다.

우리 신앙은 꼭 신해가 필요합니다. 신해행증(信解行證)이라, 믿기만 하고 해석이 없으면 맹목적인 맹신이 되기 쉽습니다. 그러기에 고인들은 "신이무해(信而無解)하면 단조무명(但助無明)이요, 해이무신(解而無信)하면 즉타사견(卽墮邪見)이라"고 했습니다. 믿기만 하고 해석하지 못하면 무명(無明)만 더 조장할 뿐이고, 해석만 하고 믿음이 없으면 사견(邪見)에 떨어지기 쉽다는 말입니다.

其有衆生 聞佛壽命長遠 如是能生一念信解 所得功德 無有限量 善男子 善女人 爲阿耨多羅三藐三菩提 故於八十萬億那由他劫 行五波羅

蜜 除般若波羅蜜 以是功德 比前功德 萬分千分 萬千億分 不及其一
『法華經』分別功德品

"이와 같이 부처님의 수명이 무량하고 공덕도 끝이 없다는 것을 신해하는 공덕은 한량이 없느니라. 선남자 선여인아, 보리 즉 무상대도를 위해서 무량세월인 8십만억 나유타겁을 두고서 반야바라밀을 제외한 보시 · 지계 · 인욕 · 정진 · 선정의 5바라밀을 닦는 공덕은 앞의 공덕에 비교한다면 만분 천분 만천억분의 1에도 미치지 못하느니라."

따라서 우리가 순수한 마음으로 부처님을 따르고 의지하는 공덕이 이렇게 크다는 것을 알 수가 있습니다.

若念佛者 當知此人是人中 分陀利華 觀音勢至 爲其勝友
『觀無量壽經』

"만약 부처를 생각하는 자는, 즉 본래면목을 안 떠나는 자는 마땅히 알지니 이런 사람은 사람 가운데 가장 향기로운 연꽃인 분다리화(分陀利華)라. 따라서 관세음보살이나 대세지보살이 그를 가장 좋은 벗으로 삼는다"

관음대세지도 인간적인 때 묻은 안목에는 볼 수가 없습니다. 그러나 모습이 필요하면 언제나 나오시는 것입니다. 우리 중생이 청정하고 정말로 순수할 때는 수시수처(隨時隨處)에 나오시는 것입니다. 그러나 우주에 갖추어 있는 본래 자비의 정기(精氣), 그 생명 성령(聖靈)이 관음이요, 지혜의 정기 곧 그 생명 성령이 문수요, 또는 대세지입니다.

염불은 지혜와 자비를 온전히 다 갖추어 있는 부처, 곧 본래면목 자리를 생각하고 추구하는 것이니까 마땅히 관음보살이나 대세지보살이 비록 염불행자가 범부라 하더라도 가장 좋은 벗으로 삼는 것입니다. 관음은 자비를 의미하고 대세지는 지혜를 의미하기 때문에 일체 보살을 다 대신한 것입니다. 그러기에 염불행자는 일체 천만 보살이 그를 좋은 벗으로 생각하고 보호하는 것입니다.

諸佛如來是法界身 入一切衆生心想中 是故汝等心想佛時 是心卽是三十二相 八十隨形好 是心作佛 是心是佛   『觀無量壽經』

제불여래는 바로 법계(法界)가 몸입니다. 법계란 삼천대천 우주 전체를 말하는 것입니다. 제불여래는 바로 법계가 몸이기 때문에 모든 중생의 마음속에 두루 들어 계시는 것입니다.

대승적인 차원에서는 사람만이 중생이 아니라, 유정·무정 모두가 다 중생입니다. 사바세계(娑婆世界)의 두두물물이 다 중생이니까 또는 그런 중생으로 모든 법계가 구성되었으므로 부처님이 모든 중생의 마음 가운데 원래 들어 계시는 것입니다.

　부처님이 우리 속에 들어 계신다는 의미는 모든 존재가 바로 부처님이라는 뜻입니다. 부처님이 어디에 들어 있는 것이 아니라 바로 부처입니다. 머리카락부터서 발끝까지 불성 아닌 것이 없습니다. 그러기에 부처님이 중생한테 들어 계신다는 것은 바로 온전히 부처님이라는 뜻입니다. 개한테 불성이 있다고 할 때도 개의 심장에 있는 것도 아닌 것이고 머리에 있는 것도 아닌 것이고 온전히 전체가 바로 부처의 덩어리입니다.

　"그러므로 만약 마음으로 부처님을 생각할 때는 부처님을 생각하는 그 마음이 바로 32상 80종호라." 이것도 꼭 상으로만 생각할 것이 아니라 의미로 생각하면 무량공덕을 말한 것입니다. 부처님을 한 번 생각하면 바로 그 생각이 부처님의 무량공덕을 생각하는 것이 되는 것이고 공덕을 갖추어 나가는 것이 되는 것입니다. 그러기 때문에 "바로 마음으로 부처를 짓고 또한 이 마음이 바로 부처다."라고 하는 것입니다.

　달마(達磨, Bodhidharma, ?~528)스님께서 중국 광주에 오실 때에 이미 150살 또는 130세가 되어서 오셨다고 기록에 있습니다. 그러니까 무던히 오랫동안 사셨겠지요. 그리고 9년 면벽했으니까 몇 년이겠습니까?

지금이나 옛날이나 범부들은 남이 잘 되는 것을 시기도 하고 또 자기 아는 것보다도 조금 다르게 얘기하면 그것이 좋은 것이라 할지라도 굉장히 거부반응을 느낍니다. 그때에도 달마스님께서 "불립문자 교외별전이라" 문자를 소홀히 한 것은 아니겠지마는 문자의 집착을 없애기 위해서 "심즉시불(心卽是佛)이라, 오직 그대 마음이 바로 부

큰스님 친필법문 : 십주비파사론

我此法要依楞伽經佛心第一又依文殊般若經一行三昧卽念佛心是佛妄念是凡夫若善男子善女人欲入一行三昧當先聞般若波羅蜜如説修學然後能入一行三昧隨緣空閑捨諸亂意不取相貌繫心一佛專稱名字隨佛方所端身正向能於一佛念念相續即是念中能見過去未來現在諸佛何以故念一佛功德無量無邊亦與無量諸佛功德無二不思議。"道信⑬付法臧四祖入道安心要方便法門(楞伽師資記)

若人疾欲至不退轉者 應以恭敬心執持佛名 號以信方便念佛易行 疾至阿惟越地(不退轉地)。
"龍樹著十住毘婆沙論。"

232

처다. 마음만 깨달으면 부처가 된다."고 말씀하였습니다.

 사실 마음만 깨달으면 거기에 모두가 다 들어 있는 것 아니겠습니까? 그런데 그 당시에 스님들이 아주 시기심을 많이 냈습니다. 그것도 보통 사람들이 아니라, 논장(論藏)들을 보면 그 당시 가장 훌륭하다는 광통율사(光統律師) 또는 인도에서 들어오신 보리유지(菩提流支, Bodhiraci, 508년 중국에 옴) 그분들이 법집(法執)하여 시기를 했다고 합니다. 그래서 그분들이야 그렇겠습니까마는 그 밑에 있는 분들이 달마스님을 여섯 번이나 독살을 하려고 했습니다. 얼마나 박

큰스님 친필법문 : 법화경·관무량수경

若念佛者 當知此人 是人中分陀利華 觀音勢至 為其勝友. 『觀無量壽經』

諸佛如來 是法界身 入一切衆生心想中 是故汝等心想佛時 是心即是三十二相八十隨形好 是心作佛 是心是心. 『觀無量壽經』

如是罪人以罪業故 應陷地獄 命終之時 地獄猛火一時俱至 遇善知識 以大慈悲 為說阿彌陀佛十力威德 不可思議 勸念彼佛 此人已除八十億劫生死之罪 地獄猛火化為淸涼風 吹諸天華 華上皆有化佛菩薩 迎接此人. 『觀無量壽經』

心懷戀慕 渴仰於佛 即堅善根. 『法華經 壽量品』

其有衆生 聞佛壽命長遠 如是 能生一念信解 所得功德 無有限量 善男子 善女人 為阿耨多羅三藐三菩提故 於八十萬億 那由他劫 行五波羅蜜 除般若波羅蜜以 是功德比前功德 萬分千分 萬千億分不及其一. 『法華経 分別功德品』

해가 많았었던가를 짐작할 수 있겠지요.

그 어른께서 중국에 들어오신 뜻이 무엇이겠습니까? 오직 자기 생명을 모조리 바친다 하더라도 중생제도 외에는 다른 뜻이 없는 분인데, 그런 분을 독살하려고 했습니다. 그러나 다섯 번째까지도 독이 안 받는 것입니다.

삼명육통(三明六通)을 통달한 분들은 '인연이 다 됐으니까 내가 가야겠다' 해서 가는 것이지 독을 먹었다고 해서 갈 수가 있는 것도 아닙니다. 다섯 번째까지는 독을 먹고 바위 위에다 대변을 누면 어떻게 독하던지 바위가 다 빠개져 버립니다. 이렇게 독을 다 안 받았지만 여섯 번째는 "중국에 와서 내가 할 일은 다 하고 이제 인연이 다 됐다" 하시고는 독을 그대로 받고서 열반에 들었습니다. 그래서 웅이산(熊耳山)에다 입관을 해서 묻었습니다.

그 뒤에 위나라의 송운(松雲)이란 사람이 사신으로 인도까지 갔다가 중국으로 돌아오는 길에 총령(蔥嶺), 지금의 파미르고원을 넘어오는데 그때 수염이 털털하고 늙수그레한 한 스님이 주장자를 어깨에다 척 걸쳤는데 짚세기 한 짝이 걸려 있는 것입니다. 그래서 사람도 없고 반갑기도 해서 수인사를 하고 물으니까 달마라고 합니다.

송운이 위나라로 돌아와서 말을 들어 보니까 달마스님이 이미 돌아가셔서 관속에 넣어 매장했다고 합니다. 그러나 그도 사신이라는 위신도 있는 것이기 때문에 이상하게 생각해서 달마스님 묘소를 파 놓고 보니까 관속에 시체는 어디로 간 곳이 없고 짚세기 한 짝만 남아 있는 것입니다.

　예수만 부활한 것이 아니라 그야말로 달마스님도 부활해서 갔다고 볼 수가 있겠지요. 또 달마만 부활한 것이 아니라 우리 생명도 원래는 죽음이 없는 것이니까 사실은 다 부활합니다. 그네들이 저승세계를 잘 모르니까 예수의 부활설만 말씀했겠지요.

어록에 있는 염불법문

마음이 곧 부처요 부처가 바로 마음이라.
마음 밖에 부처가 없고 부처 밖에 마음이 없도다.

自性彌陀何處在 時時念念不須忘 一朝忽得情塵落 倒用橫拈常不離

— 懶翁大師

나옹스님 어록에 "우리 자성의 미타가 어느 곳에 있는고? 시시때때로 잊지 말고서 간절히 생각할지니, 하루아침에 문득 번뇌 망상이 다 떨어지면, 거꾸로 쓰나 또는 누워 잡으나 떠나지 않는다"는 말이 있습니다.

번뇌 망상이 미처 안 떨어질 때는 그냥 애쓰고 화두를 들려 하고 염불을 하려 하겠지만 한 번 망념만 떨어져버리면 거꾸로 쓰나 옆으로 누우나 언제 어느 경우에나 조금도 자성경계 본래면목 자리가 떠나지 않는 것입니다. 이것은 나옹화상 염불 게송 가운데 끝에 있는 구절입니다.

阿彌陀佛淨妙法身 遍在一切衆生心地 故云心佛衆生 是三無差別 亦云心卽佛 佛卽心 心外無佛 佛外無心 如是眞實念佛 十二時中四威儀內 以阿彌陀佛名字 帖在心頭眼前 心眼佛名 打成一片 心心相續 念念不昧 久久成功則 忽爾之間 心念斷絶 阿彌陀眞體 卓爾現前 方信舊來不動名爲佛

― 太古大師

그 다음은 태고보우(太古普愚)선사 게송입니다. "아미타불의 청정 미묘한 법신이 두루 일체중생의 마음자리에 본래 갖추어 있기 때문에 마음이나 부처나 중생이나 세 가지가 차별이 본래 없는 것이다. 따라서 마음이 곧 부처요 부처가 바로 마음이라. 마음 밖에 부처가 없고 부처 밖에 마음이 없도다. 이와 같이 진실한 염불을 할 때는 밤낮으로 행주좌와에 아미타불의 명호를 심두(心頭)에나 안전(眼前)에 붙여 두어라."

맨 처음에는 관상적으로나 실상염불(實相念佛)을 하기가 쉽지 않습니다. 이름을 부르면 부르기도 쉽고 또 우리가 가장 공경하고 그리워하는 이름이니까 계속 불러도 별로 싫증이 안 납니다. 아미타불 명호를 우리 마음에나 눈앞에서 여의지 않고 딱 붙이는 것입니다.

그래서 "심안불명(心眼佛名)이 타성일편(打成一片)이라." 우리 마음으로 생각하고 눈으로 실지로 광명무량한 세계를 보려고 계속 공부해 나갈 때 마음이나 눈이나 부처의 명호가 하나가 되어버리는 것입니다. 처음에는 따로따로 생각을 할 수가 있는 것이지만 공부가 익어지면 이것이고 저것이고 하나가 되어버리는 것입니다. 모두를 다 하나로 통일시키는 것을 타성일편이라고 합니다. 어떤 공부를 하든지 우리 마음이 타성일편이 되어서 나와 우주가 하나로 되어버려야 합니다.

그래서 "마음에 그 자리를 애써 놓지 않고 상속적으로 생각 생각에 조금도 어두워지지 않게 오래오래 공을 이루면 문득 찰나 동안에 우리 범부심이 끊어진다. 그래서 아미타불 진체(眞體)인 우주에 변만한 진여불성이 활연히 앞에 나투나니 이것이 바로 불생불멸한 생명의 실상인 부처임을 믿을지니라." 이런 뜻입니다.

眞如念佛 念佛功極 日日時時 於一切處 阿彌陀佛 淨妙眞體 冥現其

前 臨命終時 迎接九品蓮臺 上品往生

— 普照著 念佛要門

보조지눌국사의 염불요문(念佛要門)에는 "진여염불(眞如念佛)"이라, 진여염불은 앞에서도 든 바와 같이 대상적으로 부처를 구하는 것이 아니라 자성이 바로 미타이고 우주가 바로 부처라는 염불이 진여염불입니다.

"진여염불의 공이 사무치면 나날이 때때로 어디에나 아미타불의 청정미묘한 진체(眞體)가 불현듯 그 앞에 나타난다. 그리고 임종할 때는 아미타불이나 관음보살이나 성중(聖衆)들이 마중하여 구품연대(九品蓮臺)의 상품상생 극락세계에 왕생한다."고 하였습니다.

극락세계는 깨달은 경계에서 본다면 한 점 티끌도 없고 오염이 없고 만공덕을 갖춘 세계입니다. 바로 보면 사바세계가 곧 적광토(寂光土)라, 이 세계가 이대로 극락세계인데 우리 중생이 번뇌에 가려서 미처 수용을 못하는 것입니다.

다음으로 『능가사자기(楞伽師資記)』에 대해 말씀드리겠습니다.

능가사자기는 정각스님이 저술한 책입니다. 5조 스님의 제자 가운데 십대 제자가 있습니다. 혜능대사, 신수대사, 현색대사, 지선대사 등인데, 그 중 한 분인 현색대사의 제자가 정각스님입니다.

정각스님이 저술한 능가사자기가 전에는 미처 발견되지 않다가 돈황(敦煌)에서 발굴된 것은 1907년경입니다. 돈황에서 발굴되어 나온 문서 가운데는 과거에 재래적으로 불교에서 모르는 것이 굉장히 많이 있습니다.

6조 혜능스님하고 신수대사가 마치 경쟁하는 것 같이 단경(壇經)에도 기록이 되어 있고 그렇게 전수가 되어 온 것인데, 돈황에서 나온 여러 가지 문서를 보면 신수스님도 위대한 도인이라고 나와 있습니다. 사실은 응당 도인이 되겠지요. 5조 홍인대사 칠백 제자의 상수(上首) 제자인데 도인이 아니겠습니까?

이전까지는 신수스님은 점수(漸修)나 하면서 별로 존경을 받지 못하고 6조 혜능스님만 돈오돈수니까 위대하다고 칭송해 왔습니다만, 돈황문서가 발굴된 다음에는 모두가 공평하게 바로잡는 작업들을 하고 있는 모양입니다.

따라서 4조 도신대사의 입도안심요방편법문도 그 전에는 몰랐습니다. 그 전에는 아무런 문헌이 없었는데 돈황에서 발굴한 능가사자기 가운데 이 법문이 들어 있습니다. 그 뒤에야 지극히 귀중하다고 훤전(喧傳)해서 여러 가지로 참고하고 주석이 나오게 되었습니다.

念佛卽是念心 求心卽是求佛 所以者何 識無形 佛無相貌 若也知此道

理 卽是安心 常憶念佛 攀緣不起 則泯然無相 平等不二 入此位中 憶佛心謝 更不須徵 卽看此等 卽是如來 眞實法性身 亦名正法 亦名佛性 亦名諸法實相 實際 亦名淨土 亦名菩提 金剛三昧 本覺等 亦名涅槃界 般若等 名雖無量 皆同一體也
― 楞伽師資記

"염불이란 바로 자기 마음을 생각하는 것이며 마음을 구하는 것은 바로 부처를 구하는 것이다. 어째서 그런가 하면 식(識)이란 형체가 없고 부처란 무슨 모양이나 상이 있는 것이 아니다. 이와 같은 도리를 안다면 바로 안심이라."

부처나 마음이란 것이 모양이 있다고 할 때는 마음이 걸리겠지마는 마음이란 원래 모양이 없는 것입니다. 그래서 이런 도리를 안다고 할 때는 마음이 편안하다는 말입니다.

자기한테 죄가 많이 있다고 생각할 때도 우리가 마음으로 생각하겠지요. 승찬(僧璨, ?~606)스님이 2조 혜가스님한테 올 때 풍병에 찌들어서 "저한테는 죄가 많아서 이렇습니다." 하고 죄에서 벗어나게 해달라고 간청하니까 혜가대사가 "죄가 그대 마음의 어디에 있는가?"라고 하였습니다. 마음이 원래 없거니 무슨 죄가 어디에 있겠습니까? 아무리 생각해보아도 죄를 어디에서 끌어낼 수 있을 리가 없습니다.

이와 같이 마음이 원래 없고 죄상(罪相)도 본래 없으나 자성을 미처 깨닫지 못한 단계에서는 죄를 범해 놓으면 인과를 받습니다. 우리가 금생에 남의 것을 훔치기도 하고 남을 죽이기도 하고 또는 다른 동물들에게도 함부로 하면서, 범부분상에서 이치로만 "상(相)이란 본래 없지가 않은가?" 하고 아는 정도로는 과보를 면할 수가 없는 것입니다. 견성(見性)을 해서 자성불(自性佛)을 본 다음에야 죄상의 상을 여의는 것입니다. 따라서 이와 같이 마음도 원래 자취가 없고 마음이나 부처나 원래 형상이 없다는 도리를 알 때는 벌써 이것이 바로 안심(安心)이라는 말입니다.

달마 때부터 6조까지 주로 안심법문(安心法門)으로 모두가 다 마음을 안심케 했습니다. 따라서 스스로 먼저 안심이 되어야 하고 재가 불자님들한테 법문을 할 때도 안심을 시켜야 합니다. 안심을 시켜놓고서 철저히 도덕적인 계율을 지키라고 해야지, 안심도 없이 억지로 지키라고 하면 재미도 없고 또 구속감을 느낍니다.

또다시 도신대사 말씀에 "항시 부처를 깊이 사무치게 생각하고 반연(攀緣)이 일어나지 않으면 모든 상(相)이 소멸되어 상이 없고 평등하여 둘이 아니다. 이런 자리에 들어간다면 부처님을 생각하고 마음으로 모든 상을 다 버리게 되는데 새삼스럽게 애쓰고 구할 필요가 없다. 이와 같이 본다면 이것이 바로 부처님의 진실한 법성신(法性身)

이요 또한 정법(正法)이고, 불성(佛性), 제법실상(諸法實相), 실제(實際), 보리(菩提), 금강삼매(金剛三昧), 본각(本覺), 열반계(涅槃界), 또는 반야(般若)라고 한다. 이름은 비록 헤아릴 수 없이 많으나 모두가 다 하나의 몸이니라." 하였습니다.

4조 도신대사 말씀은 권위있는 말씀인 것이고 귀중한 말씀이기 때문에 더 알아보기로 하겠습니다.

我此法要 依楞伽經 諸佛心第一 又依 文殊說般若經 一行三昧 卽念佛心是佛 妄心是凡夫 若善男子 善女人 欲入一行三昧 當先聞般若波羅蜜 如說修學然後 能入一行三昧 不退不壞 無碍無相 善男子 善女人 欲入一行三昧 應處空閑 捨諸亂意 不取相貌 繫心一佛 專稱名號 隨佛方所 端身正向 能於一佛 念念相續 卽是念中 能見過去未來現在諸佛 何以故 念一佛功德 無量無邊 亦與無量諸佛功德 無二不思議

— 道信 付法藏 四祖 入道安心要方便法門, 楞伽師資記

"나의 이러한 법요(法要)는 능가경(楞伽經)에 제불심(諸佛心) 제일(第一)에 의지하고 또 문수설반야경(文殊說般若經)의 일행삼매(一行三昧)에 의지했다."

저는 『육조단경(六祖壇經)』의 부촉품(咐囑品)에 있는 "그대들이 만약 부처님의 일체종지를 얻으려고 하면 마땅히 일상삼매와 일행삼매를 증할지니라."는 경구를 보고 또 4조가 말씀한 입도안심요방편법문(入道安心要方便法門)을 볼 때에 다 비슷한 법문이라서 역시 위대한 분들은 생각이 비슷한 것이 당연한 일이구나, 하는 생각을 새삼스럽게 했습니다.

"즉염불심시불(卽念佛心是佛)이요. 망념시범부(妄念是凡夫)라." 원

큰스님 친필법문 : 태고·나옹·보조·도신스님 어록

래 부처인지라 부처를 염하는 그 마음이 바로 부처요, 반대로 상을 내는 망념일 때는 범부라는 말입니다.

"만약 선남자 선여인이 일행삼매에 들어가려고 할 때에는 마땅히 먼저 반야바라밀을 들어야 한다." 누누이 말씀드렸습니다만 반야가 있으면 불자이고 반야가 없으면 불자가 못 됩니다. 반야가 없으면 결국은 속물입니다. 반야가 있어야 참선이 되는 것이고 반야가 없으면 참선이 못 됩니다. 반야는 무엇인가? 반야는 바로 제법공(諸法空)의 지혜입니다. 또한 진공묘유(眞空妙有)의 지혜입니다.

"그 반야바라밀에서 말씀하신 것 같이 배운 연후에야 능히 일행삼매에 들 수가 있다. 그래야 후퇴도 물러남도 없고 또는 파괴함도 없고 거리낌도 없고 또는 상이 없다. 선남자 선여인들이 일행삼매를 정작 공부하려고 할 때는 잡다한 시끄러운 인연이 없는 한가한 곳에서 모든 산란스러운 생각을 다 버리고 상을 취하지 않고 마음을 부처의 경계에 매어두어야 한다."

부처의 경계는 무슨 경계인가? 이렇게 생각할 때에 우리 마음이 부처의 경계를 잡기가 좀 어렵습니다. 부처란 것은 '본래면목 자리가 아닌가' 이렇게는 알지만 우리 마음을 부처의 경계에다 맨다고 할 때에는 어떻게 맬 것인가? 이렇게 의심을 품습니다. 그러나 부처란 것은 이것도 아니고 저것도 아니고 일체 존재의 생명인 동시에 상이 아니지만 인연이 닿으면 또 현상계에 상을 나투는 것입니다. 즉 유(有)도 아니고 가(假)도 아니고 공(空)도 아니고 진공묘유(眞空妙有)입니다. 그래서 그런 자리를 감견(感見)을 했으면 좋은데, 미처 감득(感得)을 못한 사람들은 부처에다 마음을 맬 수가 없는 것입니다.

그러나 그런 때라도 "나라는 이 몸뚱이나 너라는 몸뚱이나 천지 우주에 있는 모든 두두물물이 다 비어 있다."는 본래무일물(本來無一物)자리를 먼저 생각해야 합니다. "다만 비어 있는 것이 아니라 본래 비어 있는 무량무변한 자리에 무량공덕을 갖춘 청정적광(淸淨寂光)이 충만해 있구나." 이렇게 생각해서 마음을 매는 것이 실상관(實相觀)입니다.

이리하여 "전칭명호(專稱名號)라" 우리가 초심일 때는 역시 뭐라 해도 화두면 화두, 염불이면 염불로 부처님의 이름을 자꾸만 외우고 하나만 생각해야 마음이 모아집니다.

공부가 익어져서 한 고비를 넘은 사람들은 외울 것도 없지만 처음에는 하나로만 외워야 마음이 계속되어 통일이 잘 되는 것이지 이렇게 저렇게 잡스럽게 할 때는 마음이 통일이 안 됩니다. 한 부처한테 마음을 내고 오로지 명호를 외우고 또 기왕이면 부처의 상호를 상상하면 좋겠지요. 상호란 허무한 것이 아니라 무량공덕을 갖춘 상호이기 때문에 우리가 우러를 때마다 그만치 흐트러진 마음이 거두어지는 것입니다.

"부처님이 계신 방소(方所)에 따라서 단정히 바로 향해서 앉고 한 부처님에 대해서 생각 생각에 생각이 끊어지지 않을 때에는 즉시 그 생각 가운데 능히 과거나 현재나 미래의 제불을 다 본다. 한 부처의 무량무변한 공덕을 생각하면 바로 무량한 부처님 공덕을 다 감견(感見)하여 제불공덕과 둘이 아닌 부사의한 공덕을 성취한다."는 것이 도신선사 입도안심요방편법문에 있는 염불찬탄의 법문입니다.

미래를 여는 지식의 힘—

(주) 상상나무 :: 도서출판 [상상예찬]

http://www.smbooks.com Tel. 02-325-5191